SEM TEMPO A PERDER

SEM TEMPO A PERDER

reflexões
sobre o que
realmente
importa

URSULA K. LE GUIN

TRADUÇÃO
Juliana Fausto

goya

SEM TEMPO A PERDER

TÍTULO ORIGINAL:
No Time to Spare

COPIDESQUE:
Hebe Ester Lucas

CAPA:
Tereza Bettinardi

REVISÃO:
Caroline Bigaiski
Renato Ritto

PROJETO GRÁFICO E DIAGRAMAÇÃO:
Desenho Editorial

DIREÇÃO EXECUTIVA:
Betty Fromer

ARTE:
Pedro Fracchetta
Pietro Nascimento

DIREÇÃO EDITORIAL:
Adriano Fromer Piazzi

COMUNICAÇÃO:
Giovanna de Lima Cunha
Júlia Forbes
Luciana Fracchetta
Yasmin Dias

PUBLISHER:
Luara França

EDITORIAL:
Bárbara Reis
Caíque Gomes
Débora Dutra Vieira
Juliana Brandt
Thiago Bio
Andréa Bergamaschi*
Luiza Araujo*

COMERCIAL:
Bianca Farias
Cinthia Saade
Giovani das Graças
Gustavo Mendonça
Lidiana Pessoa
Roberta Saraiva

*Equipe original à época do lançamento.

COPYRIGHT © URSULA K. LE GUIN, 2017
COPYRIGHT © EDITORA ALEPH, 2023

Todos os direitos reservados.
Proibida a reprodução, no todo ou em parte, através de quaisquer meios.

DADOS INTERNACIONAIS DE CATALOGAÇÃO NA PUBLICAÇÃO (CIP) DE ACORDO COM ISBD

L433s   Le Guin, Ursula K.
Sem tempo a perder: reflexões sobre o que realmente importa / Ursula K. Le Guin ; traduzido por Juliana Fausto. - São Paulo : Goya, 2023.
272 p. ; 14cm x 21cm.

Tradução de: No time to spare: thinking about what matters
ISBN: 978-85-7657-566-5

1. Autobiografia. I. Fausto, Juliana. II. Título

	CDD 920
2023-851	CDU 929

ELABORADO POR VAGNER RODOLFO DA SILVA - CRB-8/9410

ÍNDICES PARA CATÁLOGO SISTEMÁTICO:
1. Autobiografia 920
2. Autobiografia 929

é um selo da Editora Aleph Ltda.

Rua Bento Freitas, 306, cj. 71
01220-000 – São Paulo – SP – Brasil
Tel.: 11 3743-3202

WWW.EDITORAGOYA.COM.BR

@editoragoya

Para Vonda N. McIntyre, com carinho

Sumário

Introdução   11
Uma nota no início   17

PARTE UM: ULTRAPASSANDO OS 80
   No seu tempo extra   21
   A fracote contra-ataca   27
   A coisa minguada   31
   Colocando a conversa em dia, ha ha   39

OS ANAIS DE PARD
   Escolhendo um gato   45
   Escolhida por um gato   53

PARTE DOIS: O NEGÓCIO DA LITERATURA
   Dá pra parar com essa merda, por favor?   59
   Perguntas dos leitores   63
   Cartas infantis   69
   Ter meu bolo   73
   Papai H   79
   Um prêmio literário muito necessário   87
   OGRA e AVDI   91
   OGRA novamente   97

O dom narrativo como enigma moral — 103
Não tem que ser do jeito que é — 111
Utop*yin*, Utop*yang* — 117

OS ANAIS DE PARD
A confusão — 123
Pard e a máquina do tempo — 127

PARTE TRÊS: TENTANDO DAR SENTIDO ÀS COISAS

Um bando de irmãos, um fluxo de irmãs — 133
Exorcistas — 139
Uniformes — 141
Agarrando-se desesperadamente a uma metáfora — 147
Mentir para que tudo desapareça — 153
A criança interior e o político nu — 159
Uma proposta modesta: vegempatia — 169
Crença na crença — 173
Sobre a raiva — 179

OS ANAIS DE PARD
Uma educação incompleta — 191
Uma educação incompleta, continuada — 195
Versos mal escritos para meu gato — 199

PARTE QUATRO: RECOMPENSAS

As estrelas em órbita, o mar ao redor: Philip Glass e John Luther Adams — 203
Ensaio — 209

Alguém chamada Delores   211
Sem ovo   219
Nôtre-Dame de la Faim   227
A árvore   233
Os cavalinhos em cima das escadas   237
Primeiro contato   247
O lince   251
Notas de uma semana em um rancho no deserto do Oregon   261

Introdução

Lembro-me de, há muitos anos, ter visto um cartum na revista *The New Yorker*. Dois homens, um deles um viajante, o outro um sábio, estão sentados à beira de uma caverna na montanha, rodeados por gatos. "O sentido da vida são os gatos", diz o sábio ao homem que o indaga. Graças à magia da internet, posso apontar o ano de publicação como 1996 e o cartunista como Sam Gross.

O cartum voltou à minha mente ao ler esta coletânea. Pensei que se eu escalasse a montanha até a caverna da sábia Ursula Le Guin e fizesse a pergunta de sempre, talvez ouvisse a mesma resposta. Ou não. Le Guin não é previsível. Ela poderia dizer, em vez disso, que "a velhice é para qualquer um que chega lá". Ou que "o medo raramente é sábio e nunca gentil". Ou que "não existem ovos na sepultura".

Para quem busca, a resposta é menos importante do que o que se faz com ela. Não sei qual é a parte que importa para o sábio. Le Guin sugere que pode ser apenas o café da manhã.

Hoje a viagem à caverna de Le Guin é menos árdua, mas não menos perigosa do que a arquetípica subida ao topo da montanha. Você deve atravessar o pântano wikipediano. Seguir pé ante pé diante de toda e qualquer seção de comentários para não acordar os *trolls*. Lembre-se, se você pode vê-los, eles podem ver você! Evite o monstro YouTube, aquele grande devorador de horas. Em vez disso, abra caminho até o buraco de minhoca conhecido como Google e deslize por ele. Aterrisse no site de Ursula Le Guin e vá diretamente ao blog para ver suas últimas postagens.

Mas primeiro leia este livro.

Aqui você encontrará um arquivo de reflexões sobre diferentes temas: envelhecimento; exorcismo; a necessidade do ritual, especialmente quando realizado sem uma crença específica; como um erro na internet nunca pode ser corrigido; música ao vivo e crianças alfabetizadas; Homero, Sartre e Papai Noel. Le Guin não foi o tipo de sábia que exigia concordância e obediência. Qualquer pessoa que já tenha lido seus livros sabe disso. As elocubrações que se seguem mostram apenas o que ela pensava.

Mas tudo funciona muito bem, como se fossem pensamentos lançados direto para a mente do leitor. Às vezes, a placa na caverna diz que a sábia não está. Nessas ocasiões, no lugar dela, o tema do dia é proposto por Gato. "Pense em besouros", sugere Gato, e eu o faço. Pensar sobre besouros mostra-se surpreendentemente amplo, em especial quando quem lhe diz para fazer isso é o gato bom com as patas maldosas. Penso em gatos e em seus adoráveis modos assassinos. Penso na conturbada interface humano/outro. Em algum lugar dentro de nós, acho, todos carregamos o sonho de Mogli – de que os outros animais vão nos ver e nos aceitar como um deles. E então fracassamos diante desse sonho quando os animais pedem-nos o mesmo. Desejamos nos juntar aos animais silvestres na selva, mas não vamos tolerá-los em nossa cozinha. Há formigas demais, pensamos, enquanto alcançamos o spray, quando também é verdade que há humanos demais.

Em outro ensaio, em outro livro, Le Guin disse que o chamado realismo põe o ser humano no centro. Somente a literatura do fantástico trata o não humano como sendo de igual interesse e importância. Dessa e de tantas outras formas, a literatura especulativa é a mais subversiva, a mais abrangente e a mais intrigante. Essas duas questões juntas – nossa incapacidade de lidar com nossos próprios números e a insistência de que somos o que mais importa – podem muito bem ser o nosso fim. E, com isso, chego ao fim do mundo, onde me canso de pensar em "besouros" e volto a pensar em Le Guin.

Durante todas as décadas de sua carreira, Le Guin defendeu a imaginação e todas as histórias que emergem dela. Eu mesma venho buscando meu caminho até o topo da montanha por toda a minha vida adulta para conseguir respostas a perguntas que nem sabia estar fazendo. Como agora estou perto dos 70, é um longo tempo. Entre os grandes presentes que o mundo me deu está o fato de conhecer Le Guin pessoalmente, de ter passado muitas horas em sua companhia. Mas se eu tivesse apenas (apenas! ha!) os livros, o presente ainda seria enorme.

Atualmente, acho que a obra de Le Guin passa por um momento de reconhecimento e apreciação. Esse momento em particular (ela teve outros) diz respeito em parte ao seu impacto profundo e fundacional sobre uma geração de escritores como eu. No início desta coletânea, ela fala sobre como foi descobrir o blog de José Saramago e pensar: "Ah, é isso! Será que eu também posso fazer?", o que é exatamente a forma como seu próprio trabalho funciona para tantos de nós – como exemplo, libertação de convenções e expectativas, convite para um mundo maior do que aquele que vemos.

Mas, para mim, todos os momentos de Le Guin, todo reconhecimento e admiração, ficam aquém de suas realizações. Não consigo pensar em nenhum outro escritor ou escritora, em toda a história, que tenha criado o número de mundos que ela criou, não importa sua complexidade e minúcia. Se outros escritores garantem seu legado com um único livro, ela escreveu uma dezena digna do mesmo legado. E seu último romance, *Lavinia*, está certamente entre suas grandes obras. Ela foi ao mesmo tempo prolífica e potente. Ao mesmo tempo brincalhona e poderosa. E sempre foi, em sua vida e em seu trabalho, uma força para o bem, uma crítica social certeira, necessária agora mais do que nunca, enquanto observamos a guinada que o mundo está dando para o mal. Nós, que a seguimos como leitores e escritores, somos os sortudos. Não apenas a amamos; precisamos dela.

O que você encontrará nestas páginas é uma Le Guin mais casual, uma Le Guin em casa. Algumas das questões que foram obsessões ao longo de sua carreira – o modelo fatal do crescimento capitalista; a sororidade e as formas pelas quais ela difere do fraterno masculino; a difamação e os mal-entendidos de gênero, ciência e crença – continuam a aparecer, mas foram polidas ao seu absoluto essencial. É particularmente prazeroso observar a forma animada como a sua mente funciona, e como uma postagem que a princípio parece apenas brincalhona, mostra-se profundamente engenhosa.

Le Guin sempre foi maravilhosa em seu cuidado com o meio-ambiente. Ela é uma das pessoas mais notáveis que já conheci, sempre prestando atenção ao canto dos pássaros ao fundo, à folha na árvore. Seu ensaio aqui sobre a cascavel e aquele sobre o lince tocam-me como poesia, provocando emoções crescentes que não consigo identificar muito bem ou para as quais não tenho palavras.

Eu deveria inventar as palavras! Le Guin o faria. (Procure "The Game of Fibble" no Google). Portanto, eu deveria dizer que quando a leio escrevendo sobre pássaros ou bichos, sobre animais particulares com suas histórias e personalidades e comportamentos singulares, ou quando leio Le Guin escrevendo sobre árvores e rios e todas as belezas desvanecentes do mundo, sinto-me transcadenciada. Sinto-me alteradmirada. Sinto-me boquilinguaberta.

Boquilinguabertamente,
Karen Joy Fowler

Uma nota no início

Outubro de 2010

Fui inspirada pelos extraordinários textos do blog de José Saramago, que ele postou quando tinha 85 e 86 anos. Eles foram publicados este ano em inglês como *The Notebook*.* Eu os li com assombro e deleite.

    Antes disso, nunca quis ter um blog. Jamais gostei da palavra *blog* – suponho que deva significar *bio-log* [biorregistro] ou algo assim, mas soa como um tronco de árvore encharcado em um pântano ou talvez uma obstrução na passagem nasal.** Também fui desencorajada pela ideia de que um blog deveria ser "interativo"; espera-se que o blogueiro leia os comentários das pessoas a fim de respondê-los e continuar uma conversa sem limites com estranhos. Sou introvertida demais para querer fazer isso. Fico feliz com estranhos somente se

---

* Lançado no Brasil com o título *O caderno* (São Paulo: Companhia das Letras, 2009). [N. de E.]

** Le Guin faz vários trocadilhos aqui: com *log*, um tronco caído; *bog*, pântano ou brejo; *blob*, uma gota de algo denso ou viscoso; e, possivelmente, *bogey*, um termo coloquial para meleca. [N. de T.]

puder escrever uma história ou um poema e me esconder atrás deles, deixando-os falarem por mim.

Por isso, embora eu tenha contribuído com algumas coisas parecidas com blogs para o Book View Café, nunca gostei delas. Afinal de contas, apesar do novo nome, eram apenas textos de opinião ou ensaios, e escrever ensaios sempre foi um trabalho duro para mim e só ocasionalmente gratificante.

Mas ver o que Saramago fez com a forma foi uma revelação.

Ah! Entendi! É isso! Posso tentar também?

Meus testes/tentativas/esforços (é isso que ensaios significam) até agora têm muito menos peso político e moral que os de Saramago, e são mais trivialmente pessoais. Talvez isso mude à medida que eu praticar a forma, talvez não. Talvez eu logo descubra que não é para mim, afinal, e pare. Isso ainda será descoberto. O que gosto no momento é da sensação de liberdade. Saramago não interagiu diretamente com seus leitores (exceto uma vez). Essa liberdade, também, estou pedindo emprestada a ele.

Parte um
Ultrapassando os 80

No seu tempo extra

Outubro de 2010

Recebi um questionário de Harvard por ocasião da sexagésima reunião da turma de formandos de 1951. É claro que minha faculdade era Radcliffe, que naquela época era afiliada, mas não *considerada* como Harvard devido a uma diferença de gênero; contudo, Harvard muitas vezes esquece tais detalhes do alto de sua importância, de onde pode considerar todos os tipos de coisas inferiores a ela. De qualquer forma, o questionário é anônimo, portanto presumivelmente livre de gênero; e é interessante.

As pessoas que se espera preenchê-lo estão, ou estariam, quase todas na casa dos 80 anos, e sessenta anos é tempo suficiente para que todo tipo de coisa tenha acontecido a uma ou um jovem graduado com brilho nos olhos. Assim, há um convite educado às viúvas ou viúvos para que respondam por quem faleceu. E a pergunta 1c, "Caso divorciado(a)", apresenta um conjunto interessante de quadradinhos para serem marcados: Uma vez, Duas vezes, Três vezes, Quatro ou mais vezes, Atualmente casado(a) de novo, Atualmente vivendo com um(a) parceiro(a), Nenhum dos itens anteriores. Essa última opção é um problema. Estou tentando pensar como se poderia estar divorciado e ainda assim nenhum dos itens anteriores. De todo modo, parece improvável que qualquer uma dessas alternativas estivesse no questionário de uma reunião em 1951. "Você chegou longe, baby!", como o anúncio de cigarro com a bonitona costumava dizer.

Pergunta 12: "Em geral, dadas as suas expectativas, como seus netos se saíram na vida?" O mais novo de meus netos acabou de fazer 4 anos. Como ele está se saindo na vida? Ora, muito bem, no geral. Imagino que tipo de expectativas devemos ter para uma criança de 4 anos. Tudo que me vem à mente é que ele continue sendo um bom garotinho e aprenda logo a ler e escrever. Creio que devo presumir que ele vai para Harvard, ou pelo menos para Columbia como o pai e o bisavô dele. Mas ser bonzinho e aprender a ler e escrever parecem ser o suficiente por ora.

Na verdade, não tenho expectativas. Tenho esperanças e medos. Os medos, em sua maioria, predominam hoje em dia. Quando meus filhos eram jovens, eu ainda podia esperar que não arruinássemos inteiramente o meio ambiente para eles, mas agora que o fizemos e estamos mais vendidos do que nunca para o industrialismo especulativo, que pensa o futuro só em questão de alguns meses a frente de nós, qualquer esperança que eu tenha de que as próximas gerações possam ter leveza e paz na vida tornou-se muito tênue, e mesmo que isso aconteça, será preciso que atravessar uma escuridão longa, demasiadamente longa.

Pergunta 13: "O que melhorará a qualidade de vida para as futuras gerações de sua família?" (com quadradinhos para avaliar a importância de 1 a 10). A primeira escolha é "Oportunidades educacionais melhoradas" bastante justo, uma vez que Harvard está no ramo da educação. Marquei 10.

A segunda é "Estabilidade econômica e crescimento para os Estados Unidos". Essa me deixou totalmente paralisada. Que exemplo maravilhoso de pensamento capitalista, ou de não pensamento: considerar crescimento e estabilidade como a mesma coisa! Por fim, escrevi na margem: "Não se pode ter ambos" e não marquei nenhum quadradinho.

As demais alternativas são: "Redução da dívida dos Estados Unidos", "Dependência reduzida de energia estrangeira", "Melhoria da qualidade e dos custos da assistência médica", "Eliminação do terrorismo", "Implementação de uma política eficaz de imigração", "Melhoria do sistema bipartidário da política norte-americana", "Exportar a democracia".

Como estamos supostamente considerando a vida das gerações futuras, parece uma lista estranha, limitada a preocupações bastante imediatas e filtrada por obsessões da direita tão atuais quanto "terrorismo", política de imigração "eficaz" e "exportação" da "democracia" (o que presumo ser um eufemismo para nossa política de invasão de países de que não gostamos e a tentativa de destruir a sociedade, cultura e religião deles). Nove alternativas, mas nada sobre desestabilização climática, nada sobre política internacional, nada sobre crescimento populacional, nada sobre poluição industrial, nada sobre o controle do governo pelas corporações, nada sobre direitos humanos ou injustiça ou pobreza...

Pergunta 14: "Você está vivendo seus desejos secretos?" Estupefata novamente. No fim das contas, não marquei "sim", "de certa forma" nem "não", mas escrevi: "Não tenho nenhum, meus desejos são manifestos".

Mas foi a Pergunta 18 que realmente me deixou para baixo. "Em seu tempo extra, o que você faz? (marque tudo o que se aplica)". E a lista começa: "Golfe..."

Em sétimo, na lista de 27 ocupações, após "Esportes de raquete", mas antes de "Compras", "TV" e "Bridge", vem "Atividades criativas (pintar, escrever, fotografar etc.)".

Aqui eu parei de ler, sentei e pensei por um bom tempo. As palavras-chave são "tempo extra". O que elas significam?

Para uma pessoa que trabalha – caixa de supermercado, advogado, trabalhador de conservação de rodovia, dona de casa, violoncelista, técnico de computadores, professor, garçonete –, o tempo sobressalente é aquele que não é gasto no trabalho ou de outra forma mantendo-se vivo, cozinhando, mantendo-se limpo, levando o carro para o conserto, levando as crianças para a escola. Para as pessoas no meio da vida, tempo sobressalente é tempo livre, e valorizado como tal.

Mas para as pessoas aos 80? O que os aposentados têm além do tempo "extra"?

Eu não estou exatamente aposentada porque nunca tive um emprego do qual me aposentar. Ainda trabalho, embora não tanto quanto costumava. Sempre fui e continuo orgulhosa de considerar-me uma mulher trabalhadora. Mas para os Questionadores de Harvard, minha obra é uma "atividade criativa", um hobby, algo que você faz para preencher o tempo que sobra. Talvez se eles soubessem que eu ganhei a vida com isso, mudariam-na para uma categoria mais respeitável, mas duvido muito.

A questão permanece: quando todo o tempo que você tem é sobressalente, é grátis, o que você faz com ele?

E qual é a diferença, realmente, entre isso e o tempo que você costumava ter aos 50, aos 30 ou aos 15 anos?

As crianças costumavam ter muito tempo extra – crianças de classe média, pelo menos. Fora da escola e se não estivessem interessadas em um esporte, a maior parte do seu tempo era sobressalente, e elas descobriam com mais ou menos sucesso o que fazer com ele. Eu tinha verões inteiros de sobra quando era adolescente. Três meses sobressalentes. Absolutamente nenhuma ocupação declarada. Muito do tempo depois das aulas também era tempo extra. Li, escrevi, visitei Jean e Shirley e Joyce, andei por aí tendo pensamentos e sentimentos, ah, Deus, pensamentos profundos, sentimentos profundos... espero que algumas crianças ainda tenham tempo assim. As que eu conheço parecem estar em uma esteira ergométrica de programação, correndo sem pausa para o próximo evento em sua agenda, o treino de futebol, a data do jogo, o encontro no parquinho, o que quer que seja. Espero que elas encontrem interstícios e se enrosquem neles. Às vezes percebo que uma adolescente no grupo familiar está de corpo presente – sorridente, educada, aparentemente atenta –, mas ausente. Espero que ela tenha encontrado um interstício, tenha fabricado um tempo de sobra, tenha se enroscado nele e esteja sozinha ali, lá no fundo, pensando, sentindo.

O oposto do tempo extra é, acho eu, tempo ocupado. Em meu caso, ainda não sei o que é o tempo sobressalente porque todo o meu tempo é ocupado. Sempre foi e é agora. É ocupado por viver.

Na minha idade, uma parte cada vez maior de viver é composta pela simples manutenção corporal, o que é cansativo. Mas não consigo encontrar em nenhum lugar da minha vida um tempo, ou um tipo de tempo, que seja desocupado. Eu sou livre, mas meu tempo não é. Meu tempo é plena e vitalmente ocupado com o sono, com o devaneio, com fazer negócios e escrever a amigos e familiares por e-mail, com ler, com escrever poesia, com escrever prosa, com pensar, com esquecer, com bordar, com cozinhar e comer e limpar a cozinha, com interpretar Virgílio, com encontrar amigos, com conversar com meu marido, com sair para fazer compras de mercado, com caminhar se posso caminhar e viajar se estamos viajando, com fazer meditação Vipassana às vezes, com assistir a um filme às vezes, com fazer os Oito Exercícios Preciosos chineses quando posso, com deitar-me para um descanso vespertino com um volume de Krazy Kat para ler e meu próprio gato um pouco louco ocupando a região entre minhas coxas e panturrilhas, onde ele se ajeita e cai instantânea e profundamente no sono. Nada disso é tempo sobressalente. Não posso poupá-lo. No que Harvard está pensando? Eu vou fazer 81 anos semana que vem. Não tenho tempo de sobra.

A fracote contra-ataca

Novembro de 2010

Perdi a fé no ditado "Você só é tão velho quanto pensa que é" desde que fiquei velha.

É um ditado com uma bela ancestralidade. Dirige-se diretamente à ideia do Poder do Pensamento Positivo, que é tão forte nos Estados Unidos porque se encaixa muito bem no Poder da Publicidade Comercial e no Poder do Pensamento Ilusório, também conhecido como o Sonho Americano. É o lado bom do puritanismo: você ganha aquilo que merece. (Não se preocupe, neste momento, com o lado sombrio.) Coisas boas acontecem às pessoas boas e a juventude durará para sempre para os jovens de coração.

Arrã.

Há um bocado de poder no pensamento positivo. É o grande efeito placebo. Em muitos casos, até mesmo em casos terríveis, funciona. Acho que a maioria dos idosos sabe disso, e muitos de nós tentamos manter nosso pensamento no lado positivo por uma questão de autopreservação, bem como de dignidade, o desejo de não terminar com um gemido prolongado. Pode ser muito difícil acreditar que se tem de fato 80 anos, mas como se costuma dizer, é ver para crer. Conheci pessoas de cabeça sã e coração saudável aos 90. Elas não pensavam ser jovens. Sabiam, com uma clareza paciente e sagaz, a idade que tinham. Se eu tiver 90 anos e acreditar que tenho 45, estou fadada a passar por maus momentos ao tentar sair da banheira. Mesmo se eu tiver 70 anos e pensar que tenho 40, estarei me iludindo a ponto de certamente agir como uma tola terrível.

Na verdade, nunca ouvi ninguém com mais de 70 anos dizer que você só é tão velho quanto pensa que é. Os mais jovens dizem isso para si mesmos, ou uns para os outros, como um incentivo. Quando mencionam esse ditado para alguém que realmente é velho, não percebem como é estúpido e como pode ser cruel. Pelo menos não há um cartaz anunciando isso.

Mas há um cartaz que anuncia: "A velhice não é para os fracotes" – talvez o ditado tenha vindo daí. Um homem e uma mulher na casa dos 70. Conforme me lembro, ambos têm uma aura de estar a ponto de bala, e estão vestindo pouca roupa, bem ajustada ao corpo, e estão, no geral, muito em forma. A pose deles sugere que acabaram de correr uma maratona e não estão arfando enquanto relaxam, levantando halteres de 7 quilos. Olhem para nós, dizem eles. A velhice não é para os fracotes.

Olhem para mim, rosno para eles. Não consigo correr, não consigo levantar halteres, e a ideia de roupas mínimas e justas em mim é pavorosa sob todos os pontos de vista. Sou uma fracote. Sempre fui. Quem são vocês, atletas, para dizer que a velhice não é para mim?

A velhice é para qualquer um que chega lá. Guerreiros envelhecem; fracotes envelhecem. Na verdade, é provável que mais fracotes do que guerreiros envelheçam. A velhice é para os saudáveis, os fortes, os durões, os intrépidos, os doentes, os fracos, os covardes, os incompetentes. Para as pessoas que correm 15 quilômetros todas as manhãs antes do desjejum e para aquelas que vivem em cadeiras de rodas. Para as pessoas que resolvem as palavras cruzadas do jornal à caneta em 10 minutos e para as pessoas que agora mesmo têm dificuldade de lembrar quem é o presidente. A velhice é menos uma questão de aptidão ou coragem e mais uma questão de a longevidade ser produto da sorte.

Se comerem suas sardinhas e folhas verdes e usarem filtro solar fator 150 e definirem seus tanquinhos e banquinhos e manquinhos ou o que quer que seja para viverem uma vida longa, vai ser bom e talvez funcione. Mas quanto mais longa for uma vida, uma parte maior dela será velhice.

As folhas verdes e os exercícios podem muito bem ajudar essa velhice a ser saudável, mas, por mais injusto que seja, nada garante saúde aos idosos. Os corpos se desgastam após uma certa quilometragem, apesar da manutenção mais cuidadosa. Não importa o que você coma e o tamanho do seu tanquinho e banquinho, ainda assim seus ossos podem desapontá-lo, seu coração pode se cansar do incrível desempenho atlético ininterrupto ao longo da vida, e há toda aquela fiação e coisas por dentro que podem começar a entrar em curto-circuito. Se o seu emprego foi braçal e pesado durante toda a vida e você não teve, de fato, a chance de passar muito tempo em academias, se comeu principalmente porcaria porque era tudo o que conhecia e tudo o que podia custear em termos de tempo e dinheiro, se não tem um médico porque não pode pagar pelo plano de saúde que coloca entre você e os médicos e os remédios de que precisa, você pode chegar à velhice em péssima forma. Se simplesmente encontrar a má sorte pelo caminho, com acidentes, doenças, é a mesma coisa. Você não vai estar correndo maratonas e levantando pesos.

Talvez você tenha problemas para subir escadas. Talvez você tenha problemas simplesmente para se levantar da cama. Talvez você tenha dificuldade para se acostumar a sentir dor o tempo todo. E não é provável que melhore com o passar dos anos.

As compensações de envelhecer, tais como são, não pertecem ao campo das proezas atléticas. Acho que é por isso que o ditado e o pôster me aborrecem tanto. Eles não apenas insultam os fracotes, são irrelevantes.

Eu gostaria de um cartaz mostrando dois idosos com as costas curvadas, as mãos com artrite e os rostos castigados pelo tempo sentados papeando, absortos em uma conversa profunda. E o *slogan* seria "A velhice não é para os jovens".

A coisa minguada

Maio de 2013

Não querer saber muito sobre envelhecer (não quero dizer ficar mais velho, quero dizer *velho*: fim dos 70, 80, e além) é provavelmente uma característica da sobrevivência humana. De que adianta saber algo assim antes do tempo? Você vai descobrir o suficiente quando chegar lá.

Uma das coisas que as pessoas frequentemente descobrem quando chegam lá é que os mais jovens não querem ouvir falar disso. Portanto, uma conversa honesta sobre a vetustez acontece principalmente entre os vetustos.

E quando os mais jovens dizem à gente velha o que é a velhice, os vetustos podem não concordar, mas raramente discutem.

Eu quero discutir, só um pouco.

A mariquita-de-coroa-ruiva*, de Robert Frost, fez a pergunta final: "O que fazer com uma coisa minguada?"

Os norte-americanos acreditam firmemente no pensamento positivo. O pensamento positivo é ótimo. Funciona melhor quando baseado em uma avaliação realista e na aceitação

---

* Le Guin refere-se ao poema "The Oven Bird", de Robert Frost. [N. de T]

da situação real. O pensamento positivo baseado na negação pode não ser tão bom.

Todo mundo que envelhece precisa avaliar sua situação em constante mudança, raramente para melhor, e fazer com ela o que pode. Acho que a maioria dos idosos aceita o fato de que é velho – nunca ouvi ninguém com mais de 80 dizer "não sou velho". E eles fazem o melhor que podem. Como diz o ditado, "A velhice não é tão ruim quando você considera a alternativa"!

Muitas pessoas mais jovens, vendo a realidade da velhice como inteiramente negativa, veem a aceitação da idade como algo negativo. Querendo lidar com os idosos com um espírito positivo, são levadas a negar a eles sua realidade.

Com todas as boas intenções, as pessoas me dizem: "Ah, você não é velha!"

E o Papa não é católico.

"Você só é tão velha quanto pensa que é!"

Ora, você não acredita honestamente que ter vivido 83 anos é uma questão de opinião.

"Meu tio tem 90 anos e caminha 13 quilômetros por dia."

Tio sortudo. Espero que ele nunca encontre aquele velho valentão Art Ritte ou sua esposa malvada, Ciática.

"Minha avó vive sozinha e ainda dirige aos 99 anos!"

Bem, um viva para a vovó, ela tem bons genes. É um grande exemplo – mas não um que a maioria seja capaz de imitar.

A velhice não é um estado de espírito. É uma situação existencial. Você diria a uma pessoa paralisada da cintura para baixo: "Ah, você não é deficiente! Só está tão paralisado quanto pensa estar! Minha prima quebrou a coluna uma vez, mas ela superou e agora está treinando para uma maratona".

***

O encorajamento pela negação, por mais bem-intencionado que seja, sempre sai pela culatra. O medo raramente é sábio e nunca gentil. Quem você está animando, afinal de contas? É realmente o vetusto?

Dizer que minha velhice não existe é dizer para mim que eu não existo. Apague minha idade e você apaga minha vida – a mim.

É claro que é isso que muitas pessoas *realmente* jovens inevitavelmente fazem. A garotada que não viveu com vetustos não sabe o que eles são. Por conseguinte, os homens velhos vêm a conhecer a invisibilidade que as mulheres conheceram vinte ou trinta anos antes. As garotas e os garotos na rua não veem a gente. Se precisam ver, frequentemente é com a indiferença, a desconfiança ou a animosidade que os animais sentem por aqueles de uma espécie diferente.

Os animais têm códigos instintivos de etiqueta para evitar ou desativar esse medo e essa hostilidade insensatos. Os cães cheiram os ânus uns dos outros de forma cerimonial, os gatos miam nos limites do território de forma cerimonial. As sociedades humanas nos fornecem vários dispositivos mais elaborados. Um dos mais eficazes é o respeito. Você não gosta do estranho, mas seu comportamento cuidadosamente respeitoso para com ele desperta o mesmo nele, evitando, assim, o gasto estéril de tempo e sangue em agressão e defesa.

Em sociedades menos orientadas à mudança que a nossa, grande parte das informações úteis da cultura, incluindo as regras de comportamento, é ensinada pelos anciãos aos jovens. Uma dessas regras é, presumivelmente, uma tradição de respeito à idade.

Em nossa sociedade cada vez mais instável, orientada ao futuro e impelida pela tecnologia, os jovens são frequentemente aqueles que mostram o caminho, que ensinam a seus anciãos o que fazer. Então, quem respeita quem para quê? Os vetustos preferem se danar a se curvar diante dos fedelhos – e vice-versa.

Quando não há nenhuma pressão social por trás do "comportamento" respeitoso, ele se torna uma decisão, uma escolha individual. Os norte-americanos, mesmo quando alegam aderir piamente às regras morais judaico-cristãs, tendem a considerar o comportamento respeitoso uma decisão pessoal, acima das regras e, muitas vezes, acima das leis.

Isso é moralmente problemático quando a *decisão* pessoal se confunde com a *opinião* pessoal. Uma decisão digna do nome é baseada em observação, informação factual e juízo intelectual e ético. A opinião – aquela queridinha da imprensa, da política e da pesquisa de opinião – pode ser baseada em absolutamente nenhuma informação. Na pior das hipóteses, sem a verificação do juízo ou da tradição moral, a opinião pessoal pode refletir nada mais que ignorância, inveja e medo.

Portanto, caso eu "decida" – se essa for minha opinião – que viver muito tempo significa apenas ficar feio, fraco, inútil e atrapalhando o caminho dos outros, não desperdiçarei nenhum respeito com os idosos; do mesmo modo, se minha opinião for a de que todos os jovens são assustadores, insolentes, não confiáveis e impossíveis de ensinar, não desperdiçarei nenhum respeito com eles.

O respeito tem sido, muitas vezes, caso de coerção e quase universalmente equivocado (os pobres devem respeitar os ricos, todas as mulheres devem respeitar todos os homens etc.). Mas, quando aplicado com moderação e bom senso, o requisito social do comportamento respeitoso para com os outros, ao repreender a agressão e exigir autocontrole, abre espaço para a compreensão. Cria um espaço em que a apreciação e o afeto podem crescer.

A opinião muitas vezes não deixa espaço para nada além de si mesma.

As pessoas cuja sociedade não ensina o respeito à infância têm sorte se aprenderem a compreender, valorizar ou mesmo gostar dos próprios filhos. As crianças que não são ensinadas a respeitar a velhice provavelmente a temem e descobrirão a compreensão e o afeto pelos idosos apenas por sorte, por acaso.

Penso que a tradição de respeitar a idade por si só tem certa justificativa. A mera lida da vida cotidiana, fazer coisas que sempre foram tão fáceis que nem se percebia, fica mais difícil na velhice, de forma que pode ser preciso muita coragem para dar conta de todas elas. A velhice geralmente envolve dor e perigo e inevitavelmente termina em morte. A aceitação disso demanda coragem. A coragem merece respeito.

Tanto barulho por causa de respeito. De volta à coisa minguada.

A infância é quando você segue ganhando, a velhice é quando você segue perdendo. Os anos dourados que o pessoal de relações públicas continua a glorificar para nós são dourados porque essa é a cor da luz no crepúsculo.

É claro que minguar não é tudo o que acontece no envelhecimento. Longe disso. A vida fora da correria da competição, mas ainda na zona de conforto, pode dar a chance de a pessoa aproveitar o presente momento e conseguir verdadeira paz de espírito.

Se a memória permanece sólida e a mente pensante mantém seu vigor, uma inteligência antiga pode ter extraordinária amplitude e profundidade de compreensão. Teve mais tempo para reunir conhecimento e mais prática em comparação e juízo. Não importa se o conhecimento é intelectual, prático ou emocional, se diz respeito aos ecossistemas alpinos, à natureza do Buda ou a como tranquilizar uma criança assustada: quando você encontra uma pessoa idosa com esse tipo de conhecimento, mesmo que se tenha o senso de um broto de feijão, você sabe que está diante de uma presença rara e irreprodutível.

O mesmo vale para os idosos que mantêm sua habilidade em qualquer ofício ou arte em que trabalharam por todos aqueles anos. A prática realmente leva à perfeição. Eles têm *conhecimento*, eles têm todo o conhecimento, e a beleza flui sem esforço do que fazem.

Mas todas essas ampliações existenciais trazidas pela vida longeva estão sob a ameaça da redução da força e da resistência. Mesmo bem compensadas por mecanismos inteligentes de adaptação, pequenas ou grandes rupturas em um pedaço ou outro do corpo começam a restringir a atividade, enquanto a memória está lidando com sobrecarga e confusão. A existência na velhice é progressivamente diminuída a cada uma dessas perdas e restrições. Não adianta dizer que não é assim, porque é.

Também não adianta fazer alarde ou sentir medo, porque ninguém pode mudar isso.

Sim, eu sei, nós estamos, neste momento, nos Estados Unidos, vivendo mais. Noventa são os novos 70 etc. Isso é geralmente considerado uma coisa boa.

Quão bom? Em que aspectos?

Recomendo estudar a pergunta de Robert Frost longa e profundamente.

Há muitas respostas para ela. Há muito que pode ser feito de uma coisa minguada, se você se dedicar. Muita gente (jovem e velha) se dedica.

Tudo que estou pedindo às pessoas que ainda não são realmente velhas é que também pensem na pergunta – e *que tentem não minguar a própria velhice.* Deixem que a idade seja a idade. Deixem que seu parente velho ou amigo velho sejam quem eles são. A negação não serve a nada, a ninguém, a nenhum propósito.

Por favor, entendam, estou falando por mim mesma, por minha própria velhice rabugenta. Talvez eu seja repreendida por hordas de octogenários enfurecidos que *gostam* de ser chamados de "vivazes" e "ativos". Não guardo rancor do conto de fadas àqueles que querem acreditar nele – e se eu viver mais do que penso que quero, talvez até venha a querer ouvir: *Você não é velha! Ninguém é velho. Estamos todos vivendo felizes para sempre.*

Colocando a conversa em dia, ha ha

Outubro de 2014

Já se passaram dois meses desde meu último texto neste blog. Considerando que estou na véspera do meu aniversário de 85 anos e que qualquer pessoa com mais de 75 que não seja contínua e conspicuamente ativa está passível de ser considerada morta, pensei que deveria dar alguns sinais de vida. Acenar do túmulo, por assim dizer. Olá, aí fora! Como estão as coisas na Terra da Juventude? Aqui na Terra da Idade Avançada elas estão bastante esquisitas.

A estranheza inclui ser chamada de mentirosa por Hugh Woolly, famoso pela autopublicação *How*, porque fui rude com a amazonpontocom, a célebre organização filantrópica dedicada a apoiar editoras, incentivar escritores e facilitar o caminho do Sonho Americano. Várias outras esquisitices emergiram em minha vida como escritora, algumas bastante agradáveis. Mas a esquisitice importante e dominante da vida neste outono consiste em não ter um carro – uma condição que para muitos é o Pesadelo Americano.

Temos nosso simpático Subaru, mas não podemos dirigi-lo. Eu nunca pude. Aprendi a dirigir em 1947, mas não consegui tirar a carteira de motorista, pelo que eu e todos os que me conhecem são gratos. Sou uma daquelas pedestres que começam a atravessar a rua, voltam para o meio-fio sem nenhuma razão e, de repente, saltam na frente do seu carro bem quando você entra no cruzamento. Sou a causa de vários quase acidentes e de um bocado de palavrões terríveis. É horrível pensar no que eu poderia ter feito armada de um automóvel. Em todo caso, não dirijo. E, desde agosto, a dor ciática causada pela estenose impede Charles de dirigir e de caminhar muito. Eu posso andar (tenho o mesmo que ele, felizmente de modo muito menos severo), mas depois de alguns quarteirões fico manca na parte esquerda do quadril. Vivemos a dez quarteirões íngremes do mercado de cooperativa que frequentamos. Assim, perdemos a liberdade que nossas pernas ou o carro nos davam para sair e comprar o que precisávamos quando precisávamos.

É uma liberdade maravilhosa, da qual sinto saudade. Tive de voltar à rotina da minha infância, quando fazíamos as compras uma vez por semana. Nada de dar um pulo para ver o que parece fresco e bom para o jantar ou buscar um litro de leite – tudo tem que ser planejado com antecedência e anotado. Se você não comprar a areia do gato na terça-feira, bem, você não vai ter areia de gato até a próxima terça-feira, e o gato pode acabar tendo algumas perguntas para você.

Não há dificuldade em fazer compras dessa maneira; na verdade, aguardo a ocasião ansiosamente, já que meu amigo Moe me leva, e ele é um comprador muito bom e intenso, que repara nas ofertas e coisas desse tipo. Mas ainda assim é cansativo ter que sempre pensar na coisa em vez de apenas fazê-la.

Just do it! – o lema para aqueles que correm trinta quilômetros pela manhã em calçados com o logotipo da Nike, o mantra da gratificação sem demora. Sim, bem. Charles e eu nos saímos melhor com *Sí, se puede*. Ou com a filosofia gálica, *On y arrive*.

Quanto às consultas médicas, um dos melhores paradoxos da senilidade é que, quanto maior for a frequência com que você tem de ir ao médico, mais difícil é chegar lá. E os cortes de cabelo! Agora sei como o mundo se parece para aqueles cachorrinhos cheios de franjas sobre os olhos. Parece peludo.

Na soma de tudo, o principal efeito de ser imoderadamente idosa e sem carro é que há ainda menos tempo do que havia antes para fazer outras coisas além do que tem de ser feito. Ficar em dia com a correspondência, escrever posts para o blog e organizar livros no porão, uma série de coisas como essas são colocadas em fogo brando, na boca de cozimento lento – que pode ou não estar funcionando, pois temos o fogão desde 1960.

Mas já não fazem mais fogões como esse.

Os anais de Pard

Escolhendo um gato

Janeiro de 2012

Eu nunca tinha escolhido um gato antes. Tinha sido escolhida pelo gato ou por pessoas que nos ofereceram um gato. Ou um gatinho estava chorando em uma árvore na avenida Euclid, foi resgatado e cresceu até se tornar um gatão listrado cinza de 6,5 quilos que povoou nosso bairro em Berkeley com quarteirões de gatinhos listrados cinza. Ou a bela e dourada senhora Tabby, provavelmente depois de um caso com seu formoso irmão dourado, nos deu de presente vários gatinhos dourados, e ficamos com Laurel e Hardy. Ou, quando Willie morreu, pedimos à dra. Morgan que nos avisasse caso alguém deixasse um gatinho na porta da veterinária do jeito que as pessoas deixam, e ela disse que não era provável porque a época dos gatinhos já havia passado, mas na manhã seguinte havia um filhote frajola de 6 meses na porta de sua casa, e ela nos telefonou, e assim Zorro veio para nossa casa e ficou por treze anos.

Após a morte de Zorro, na primavera passada, sobreveio o vazio.

Finalmente, chegou a hora de a casa ter uma alma de novo (algum francês disse que o gato é a alma da casa, e nós concordamos). Mas nenhum gato tinha nos escolhido ou sido oferecido ou aparecido chorando em uma árvore. Então perguntei à minha filha se ela me acompanharia a uma ONG e me ajudaria a escolher um gato.

Um gato de meia-idade, sossegado, caseiro, apropriado para donos na casa dos 80. Macho, por nenhuma razão, a não ser que os gatos que mais amei eram machos. Preto, eu esperava, pois gosto de gatos pretos e tinha lido que eles são a escolha menos popular para adoção.

Mas não estava preocupada com detalhes. Estava nervosa com a ideia de ir. Ela me apavorava, de fato.

Como você pode *escolher* um gato? E os que eu não escolhesse?

O escritório da Humane Society em Portland é um lugar incrível. É imenso, e vi apenas o saguão e a ala dos gatos: cômodos e cômodos e cômodos de gatos. Há sempre alguém, funcionários e voluntários, à disposição se você precisar deles. Cada coisa é organizada com uma eficiência tão simples que tudo parece tranquilo e amigável – baixo estresse. Quando você é uma entre o imenso número de pessoas que vêm diariamente para trazer ou adotar animais, quando vê a interminável entrada e saída de animais e vislumbra o tremendo e interminável trabalho envolvido em receber, tratar e manter todos eles, a conquista dessa atmosfera de tranquilidade parece quase incrível e totalmente admirável.

A interface humano/animal é muito conturbada hoje em dia, e, em certo sentido, essa ONG mostra isso em sua forma mais aguda. No entanto, em tudo o que vi ali, também vi o melhor que os seres humanos podem fazer quando dedicam seu coração e sua mente.

Bem, encontramos o caminho até a ala dos gatos e olhamos um pouco ao redor, e descobri que naquele momento havia muito poucos gatos de meia-idade para adoção. Os que estavam lá em sua maioria tinham vindo de um lugar sobre o qual eu havia lido recentemente no jornal: uma mulher com noventa gatos que estava certa de que amava a todos, de que cuidava deles e de que todos estavam bem e... vocês conhecem a história, uma história triste. A ONG havia levado cerca de sessenta deles. A simpática ajudante que começamos a seguir nos disse que eles não estavam tão mal quanto a maioria dos animais naquelas situações, que estavam bem socializados, mas também não estavam em muito boa forma e precisariam de cuidados especiais por um bom tempo. Isso soou um pouco além das minhas forças.

Além deles, a maioria dos gatos era filhotes. As ninhadas vieram muito tarde este ano, disse ela. Assim como o tomateiro, pensei. Em uma sala com seis ou oito filhotes, Caroline notou um túnel de náilon que parecia conter pelo menos dois animais ativos, um preto e um branco. Depois surgiu um gato pequeno, muito preto-e-branco e satisfeito consigo mesmo. Nossa guia nos disse que ele era mais velho do que a maioria, 1 ano. Por isso, pedimos para ver o pequeno mais de perto. Fomos para a sala de entrevistas e ela veio com o rapazinho de smoking.

Ele parecia muito mirrado para 1 ano: 3 quilos, disse ela. Sua cauda ficou de pé no ar, e ele ronronou bem extraordinariamente, falou um bocado com uma voz um tanto aguda e caiu muitas vezes em uma posição de brincadeira/conciliação. Ele estava clara e naturalmente ansioso. Ficou um pouco apegado à ajudante até que ela nos deixou a sós. Ele não era muito tímido, não se importava em ser pego, manipulado e acariciado, embora não sossegasse no colo. Seus olhos eram brilhantes; seu pelo, lustroso e macio; a cauda preta se mantinha erguida e a mancha preta na pata esquerda era resolutamente fofa.

A ajudante voltou, e eu disse: "Ok".

Ela e minha filha ficaram um pouco surpresas. Talvez eu também tenha ficado.

"Você não quer olhar nenhum outro?", perguntou ela.

Não, eu não queria. Mandar o pequeno de volta, olhar outros gatos, escolher um, talvez não ele? Não pude. O destino, o Senhor dos Animais ou quem quer que tenha sido havia me presenteado com um gato novamente. Ok.

Sua dona anterior tinha preenchido o questionário da ONG de modo consciencioso. Suas respostas foram úteis e de partir o coração. Ao ler as entrelinhas, soube que ele viveu seu primeiro ano com a mãe e um irmão em uma casa onde havia crianças com menos de 3 anos, crianças de 3 a 9 anos e crianças de 9 a 14 anos, mas nenhum homem.

A razão pela qual todos os três gatos foram entregues à adoção era categórica: "Não tenho condições financeiras para ficar com eles".

Fazia apenas quatro dias que ele estava na ONG. Ele tinha sido castrado imediatamente, e o bichinho estava se recuperando rápido; gozava de excelente saúde, tinha sido bem alimentado, bem tratado, um animalzinho de estimação sociável, amigável, brincalhão e alegre. Não gosto de pensar nas lágrimas daquela família.

Hoje faz um mês que está conosco. Como sua primeira dona advertiu, ele é um pouco tímido em relação aos homens. Mas não muito. E não tem medo de crianças, embora seja sensatamente atento. Vivemos treze anos com o tímido e cauteloso Zorro, que temia muitas coisas – inclusive minha filha Caroline, porque uma vez ela ficou em nossa casa com dois cães grandes e indisciplinados, e por dez anos ele nunca a perdoou. Mas esse rapazinho não é tímido. Na verdade, talvez seja destemido demais. Ele cresceu como um gato que vive em casa e sai para passear. Aqui, ele não vai sair até que o tempo esquente. Mas então deverá sair. Só espero que saiba o que temer lá fora.

Como muitos gatos jovens, ele fica incontrolável uma ou duas vezes por dia, voando pela sala a cerca de 1 metro do chão, derrubando coisas, arrumando todo tipo de problema. Gritos nossos são ineficazes, pequenos tapas no traseiro são ligeiramente eficazes, e ele entende e se lembra o que "Não!" e uma palma na frente do seu nariz significam. Mas descobri, para meu desespero, que às vezes uma mão ameaçadoramente levantada faz com que ele se encolha e se agache como um cachorro espancado. Não sei de onde isso vem, mas não consigo suportar. Portanto, gritar, dar tapinhas e "Não!" é tudo o que posso fazer.

Vonda me enviou um balde cheio de bolinhas de borracha, maravilhosas para jogos de futebol solo e para gastar o excesso de energia. Ele é bom em todas as variedades de jogos de fio. Quando vence no Varinha para Gatos, vai embora com a linha e a varinha e gosta de carregar a coisa toda para o andar de baixo, fazendo barulho de chocalho. Ele é muito bom em Patas Debaixo da Porta, mas ainda não chegou ao ponto de Patas Entre os Corrimãos – porque não havia corrimãos na casa em que cresceu. Isso ficou claro nos primeiros dias, quando tentou navegar por nossas escadas, um relevo inteiramente novo para ele. O processo de aprendizagem foi muito engraçado e perigoso para nós, anciãos, que somos suficientemente instáveis nas escadas sem que um gato confuso de repente apareça de barriga para cima no degrau seguinte ou correndo loucamente como um dardo na transversal bem na frente do nosso pé. Mas ele dominou tudo isso e agora corre para cima e para baixo muito à nossa frente, mal tocando a escada, como se tivesse nascido aqui.

Fomos advertidas na ONG de que havia um resfriado felino circulando, provavelmente dos gatos resgatados, e que ele poderia ter pegado; não há nada que eles possam fazer a respeito, não mais do que se pode em um jardim de infância. Então, ele o trouxe para casa e foi um corpinho de respiração muito pesada por duas semanas. Não foi um começo totalmente ruim, já que ele queria aconchegar-se e dormir muito, e pudemos nos conhecer um ao outro calmamente. Não me preocupei tanto porque ele não teve febre e nunca, nem por um momento, perdeu o apetite. Ele tinha que bufar para respirar enquanto comia, mas comia e comia... Ração. Ah! Ração! Ah, alegria! Ah, delícia gourmet, ah, atum e sushi e fígado de galinha e caviar, tudo em um! Acho que ração é tudo que ele sempre teve para comer. Então, ração é comida. E ele adora comida. Simplesmente adora. Certamente não vai nos incomodar com seus gostos exigentes e melindrosos. Mas pode ser necessária uma grande força de vontade (nossa) para impedir a globularidade deste gato. Tentaremos.

Ele é bonito, mas sua única beleza incomum são seus olhos, e é preciso olhar de perto para dar-se conta. Bem ao redor da grande pupila escura eles são verdes e, em volta disso, são amarelo-avermelhados. Eu tinha visto aquela mudança mágica em uma pedra semipreciosa: ele tem olhos de crisoberilo. A Wikipédia nos diz que o crisoberilo, ou alexandrita, é uma gema tricroica. Ela parece verde-esmeralda, vermelha ou amarelo-alaranjado, a depender do ângulo da luz.

Enquanto ele estava resfriado e ficávamos deitados juntos, experimentei nomes. Alexander era imperial demais, Crisoberilo majestoso demais. Pico era um nome que parecia lhe servir, ou Paco. Mas aquele que o fazia ficar olhando ao redor quando eu dizia era Pard. Começou como Gattopardo (o Leopardo, o príncipe Fabrizio de Lampedusa). Era muito longo para alguém do tamanho dele, e foi cortado para Pardo, e depois transformado em Pard, como em *pardner*.*

Ei, Pequeno Pard. Espero que você escolha ficar aqui por um tempo.

---

* Le Guin faz aqui um jogo de palavras entre o nome escolhido para o gato, Pard, e o termo *partner*, que significa "parceiro" em inglês. [N. de E.]

Escolhida por um gato

Abril de 2012

Nos quatro meses desde que escrevi sobre sua chegada, o Pequeno Pard cresceu. Ele é agora o não-grande-mas-bem-sólido Pard. É o que chamam de gato *cobby*, compacto e de cabeça redonda, não um gato de pernas compridas. Quando se senta ereto, a vista de trás é agradável e simetricamente arredondada, uma esfera preta brilhante acrescida de cabeça e cauda. Mas ele não é gordo. Embora não por falta de esforço. Ele ainda ama ração, ah, ração, ah, adorável ração! Crocância, crocância, crocância até a última crosta, então olha para cima com *pathos* instantâneo, infinito – eu morro de fome, pereço, não como há semanas... Ele adoraria ser Pardo el Gordo. Não temos piedade. Meia xícara de comida por dia, disse a veterinária, e nós a obedecemos. Um quarto de xícara de ração às sete, outra às cinco. E, bem, sim, há um sexto de uma lata de comida úmida com água morna no almoço, para garantir que ele consuma muita água. Mas muitas vezes ele deixa essa comida até às cinco, quando a ração chega, a Única Verdadeira Comida. E então ele limpa as duas tigelas, vai para a sala de estar e talvez voe um pouco, mas na maioria das vezes apenas senta e digere em êxtase.

Ele é uma criaturinha vívida. A juventude é tão dramática! Seu smoking é totalmente preto e totalmente branco. Ele é totalmente doce e totalmente maluco. Selvagem como um cavalo indomado, inerte como uma preguiça. Num momento é transportado pelo ar, no outro, adormece rápido. É imprevisível, mas mantém rotinas rígidas – todas as manhãs se apressa para cumprimentar Charles descendo as escadas, cai sobre o tapete do corredor e acena com as patas em uma postura de adoração. Contudo, ainda não fica no colo. Não sei se algum dia vai ficar. Ele simplesmente não aceita a possibilidade do colo.

Acordar com vinte minutos de ronronar forte e constante é muito bom, mais o nariz que investiga o pescoço, a pata que dá tapinhas no cabelo... a intensidade crescente do ronronar, o começo dos botes... A essa altura é bem fácil levantar. Então ele corre para o banheiro à minha frente e voa ao redor, a maior parte do tempo mais ou menos ao nível da cintura, entrando nas coisas; e brinca com a água que deixo correr para ele na banheira e depois salta para criar padrões de flores molhadas com as patas aqui e ali ou, se eu pingar água para ele na pia, ele fecha o tampo, criando assim um poço onde panteras selvagens podem se agachar à espera de caxines e corças, ou possivelmente besouros. Então descemos as escadas – um voando, a outra não.

Fechar o ralo é típico. Ele também é perito em abrir armários, porque gosta de entrar nas coisas, em qualquer coisa que possa ser adentrada – armários, gavetas, caixas, sacos, sacolas, uma colcha em andamento, uma manga. Ele é engenhoso, aventureiro e determinado. Nós o chamamos de gato bom com patas maldosas. As patas o colocam em problemas e causam gritos, repreensões, apreensões e remoções, que o gato bom suporta com paciente bom humor – "Por que eles estão exaltados? Eu não derrubei aquilo. Uma pata derrubou".

Costumava haver muitas coisas pequenas e delicadas nas prateleiras da casa. Agora não há.

Charles comprou um pequeno peitoral vermelho para ele. Ele o veste com incrível paciência – pensamos que seria Charles, o Mão-Ensanguentada, por semanas, mas não. Ele até ronrona, um pouco queixoso, enquanto o peitoral é colocado. Depois, a guia anti-impacto é atrelada, e eles saem e descem os degraus do fundo em direção ao jardim para o Passeio de Pard. Por duas vezes foi tudo bem. Então, um homem correndo do lado de fora da cerca, batendo com os pés estrepitosos, assustou Pard, e ele quis voltar de uma vez para dentro e só agora está começando a se desassustar de todas as esquisitices lá fora.

Acho que quando parar de chover e pudermos sentar ao ar livre com ele, tudo ficará bem. Ele precisa de espaço aberto para voar por aí, isso é certo. Mas, então, é claro, tememos que ele fique muito ousado em seu entusiasmo e ignorância e perambule pelos quintais e matas selvagens colina abaixo ou persiga um passarinho na rua e, assim, se perca ou encontre o Inimigo. O Inimigo vem de muitas formas para os gatos. Eles são animais pequenos, predadores já muito vulneráveis, e Pard não tem a esperteza das ruas nem a sabedoria silvestre. Mas ele é brilhante. Ele merece a liberdade que podemos dar a ele. Uma vez que pare de chover.

Enquanto isso, ele costuma passar uma boa parte do dia comigo no meu escritório, dormindo na impressora, a cerca de 15 centímetros do meu cotovelo direito. Ele apegou-se a mim desde o começo e ainda tende a me seguir para cima e para baixo e a ficar por perto, embora esteja ganhando mais independência, o que é bom – se eu quisesse ser o centro do universo, teria um cachorro. Meu palpite é que durante o primeiro ano de sua vida, em uma casa pequena e cheia de gente, ele nunca esteve sozinho; então precisa de tempo para se acostumar à solidão, bem como ao silêncio, ao tédio, a nunca ser perseguido ou esmagado por um bebê apaixonado etc.

    Não querer ser o centro do universo não significa que eu não ame ter um gato por perto. Parece que acertamos seu nome: ele é um parceiro, um verdadeiro companheiro. Eu realmente gosto de quando ele dorme no topo da minha cabeça, no travesseiro, como uma espécie de touca de pelo. O único problema com seu sono na impressora é que ela está a 15 centímetros de minha Máquina do Tempo, que quando está salvando coisas faz um barulho estranho, minúsculo e zumbido-estalado, exatamente como besouros. Pard sabe que há besouros naquela caixa. Nada que eu possa dizer o fará mudar de ideia. Há besouros naquela caixa, e um dia ele vai meter a pata dentro dela, tirar os besouros e comer todos.

Parte dois

O negócio da literatura

Dá pra parar com essa merda, por favor?

Março de 2011

Continuo a ler livros e a ver filmes em que ninguém pode dizer mais merda nenhuma a não ser *foda*, a menos que digam *merda*. Quero dizer que eles não parecem ter nenhum adjetivo para descrever merda nenhuma exceto foda, mesmo quando estão fodendo. E *merda* é o que dizem quando estão fodidos. Quando a merda acontece, eles dizem *merda*, ou *ai, merda*, ou *ai, merda, estamos fodidos*. A imaginação envolvida é espantosa. Quero dizer, literalmente.

Li um romance em que a autora não só fazia todos os personagens dizerem *foda* e *merda* o tempo todo, mas ela mesma juntou-se à merda do ato, o que era foda. Então havia um monte de merdas profundamente comoventes como "O pôr do sol estava foda de tão bonito, foda de acreditar".

Acho que o que aconteceu é que o que costumava ser uma palavra de choque tornou-se um ruído que supostamente intensifica a emoção do que está sendo dito. Ou será que ocorre apenas para preencher a lacuna entre as palavras, de modo que as palavras reais tornam-se a merda que acontece entre dizer "foda"?

Xingamentos e palavrões costumavam ter origem principalmente na religião. *Maldição, que se dane, inferno, diabos, por Deus, vá para o inferno, Jesus* etc. Raras vezes, alguns apareciam, em romances de língua inglesa do século 19, de modo geral como – – ou, mais corajosamente, como Por D–s! ou Que se d–e! (imprecações arcaicas ou de dialetos como *swounds, egad* e *gorblimey** eram impressas na íntegra). Com o século 20, as pragas blasfemo-religiosas começaram a rastejar e depois a enxamear o que era impresso. A censura das palavras percebidas como "sexualmente explícitas" esteve ativa por muito mais tempo. Lewis Gannett, o crítico literário do antigo *NY Tribune*, tinha uma lista ultrassecreta de palavras que a editora devia eliminar de *As vinhas da ira* antes que o livro fosse impresso; após o jantar, uma noite, Lewis leu a lista em voz alta para sua família e para a minha, saboreando-a. Não deve ter me chocado muito, porque me lembro apenas de uma ladainha aborrecida de palavras aborrecidas, a maioria falada pelos Joad, sem dúvida, no nível geral de choque de *peitinho*.

Lembro de meus irmãos que, ao voltarem para casa de licença na Segunda Guerra Mundial, *jamais falaram um palavrão* nem uma única vez na nossa frente, pessoas caseiras: um feito notável. Só mais tarde, quando eu estava ajudando meu irmão Karl a limpar a fonte de água na qual um gambá morto havia definhado durante todo o inverno, é que aprendi meus primeiros palavrões de verdade, sete ou oito deles em uma lição magnífica e inesquecível. Soldados e marinheiros sempre praguejaram – o que mais eles podem fazer? Mas

---

* Esse modo de praguejar usa contrações que podem remontar ao século 17 e permitem ao enunciador não dizer o nome de Deus em vão: *swounds*, por exemplo, quer dizer "God's wounds" (as chagas de Deus); *egad*, "Ah, God!" (Ah, Deus) ou "By God!" (Por Deus); e *gorblimey*, "God blind me" (que Deus me cegue). [N. de T.]

Norman Mailer, em *Os nus e os mortos*, foi forçado a usar a invenção eufemística *fugging*, dando a Dorothy Parker a chance, que naturalmente ela não perdeu, de murmurar para ele: "Ah, você é o jovem que não sabe soletrar 'fuck' [foda]?"

E depois vieram os anos 1960, quando um bocado de pessoas começou a dizer *merda*, mesmo que não tivessem tido lições de seu irmão. E, em pouco tempo, todas as *merdas* e *fodas* correram para as publicações. E finalmente começamos a ouvir essas palavras dos lábios das estrelas de Hollywood. Portanto, agora o único lugar para se afastar delas são os filmes de antes de 1990, os livros de antes de 1970 ou muito, muito longe, na natureza selvagem. Mas certifique-se de que não haja caçadores na selva prestes a chegar ao seu corpo sangrando e dizer: "Ah, que foda, cara, pensei que você fosse a merda de um alce".

Lembro de quando os palavrões – embora suaves, segundo os padrões modernos – eram bastante variados e muitas vezes altamente particulares. Algumas pessoas blasfemavam como uma forma de arte – desempenhando uma deslumbrante junção entre o desordenado e o inesperado. Parece estranho que apenas duas palavras sejam agora usadas como palavrões, e usadas de forma tão constante por tantas pessoas que elas não podem falar ou sequer escrever sem elas.

De nossos dois palavrões, um tem a ver com eliminação, o outro (aparentemente) com sexo. Ambos são domínios previsíveis, áreas como a religião, onde há limites rígidos, e as coisas podem estar absolutamente fora dos limites, exceto em certos momentos ou lugares específicos.

Assim, as crianças pequenas gritam *caca* e *cocô*, e as grandes gritam *merda*. Colocam as fezes aonde elas não pertencem!

Esse princípio, tirar do lugar, colocar fora dos limites, o princípio básico da blasfêmia, eu entendo e aprovo. E embora eu realmente quisesse parar de dizer *Ah, merda* quando estou aborrecida, passei bem sem dizer isso até os 35 anos ou mais, ainda não tive muito sucesso em regredir para *Ah, inferno* ou *Dane-se*. Na palavra merda em língua inglesa, *shit*, há algo sobre o começo do *shh* e o explosivo *t!* final, e aquele rápido e pequeno som *ih* no meio...

Mas *foda*? Não sei. Ah, também soa bem como palavrão. É realmente difícil fazer a palavra foda soar agradável ou gentil. Mas o que ela está dizendo?

Não acho que existam palavrões sem sentido; eles não funcionariam se não tivessem sentido. Será que *foda* tem a ver primariamente com sexo? Ou com sexo como agressão masculina? Ou apenas agressão?

Até talvez vinte e cinco ou trinta anos atrás, tanto quanto eu saiba, *foda* significava apenas um tipo de sexo: o que o homem faz com a mulher, com ou sem consentimento. Agora tanto homens quanto mulheres usam-no para significar coito, e ele tornou-se (por assim dizer) sem gênero, de modo que uma mulher pode falar sobre foder seu namorado. Assim, as fortes conotações de penetração e estupro deveriam ter caído fora da palavra. Mas não caíram. Não ao meu ouvido, de qualquer forma. *Foda* é uma palavra agressiva, uma palavra dominadora. Quando o cara no Porsche grita *Foda-se, cuzão!*, ele não está convidando você para uma noite no apartamento dele. Quando as pessoas dizem *Ah, merda, estamos fodidas!*, elas não querem dizer que estão se divertindo de forma consensual. A palavra tem enormes tons de dominância, de abuso, de desprezo, de ódio.

Portanto, Deus está morto, pelo menos como palavrão, mas o ódio e as fezes continuam fortes. *Le roi est mort, vive le fucking roi.*

Perguntas dos leitores

Outubro de 2011

Recentemente recebi uma carta de leitor que, depois de dizer que gostava dos meus livros, escreveu que faria o que poderia parecer uma pergunta estúpida – que eu não precisaria responder, embora ele realmente desejasse saber a resposta. Ela dizia respeito ao nome usual do feiticeiro Ged, Sparrowhawk – Falcão. Ele perguntou: trata-se do *sparrowhawk* do Novo Mundo, *Falco sparverius*, de um dos *kestrels* do Velho Mundo, também *Falco*, ou dos *sparrowhawks* de lá que não são *Falco*, mas *Accipiter*?

(Alerta: Você pode se meter em uma confusão com essas aves. Muitas pessoas usam as palavras *sparrowhawk* e *kestrel* de forma intercambiável, mas os *kestrels*, eurasiáticos ou americanos, são todos falcões, enquanto nem todos os *sparrowhawks* são *kestrels*, ou vice-versa. Entende o que quero dizer? Só lamento que tenhamos perdido o belo nome britânico *windhover*. Mas temos o poema de G. M. Hopkins).*

---

* *Kestrels* e *sparrowhawks* são denominações em língua inglesa para aves de rapina que não encontram correlato em português, não correspondendo

Respondi imediatamente à carta o melhor que pude. Disse que me parecia não poder ser nenhum dos mencionados porque não se trata de um pássaro da Terra, mas de um pássaro de Terramar, e Lineu não foi lá com sua lata de nomes. Mas o pássaro que vi em minha imaginação quando escrevia o livro parecia-se definitivamente com o nosso esplêndido pequenino *sparverius* americano, então talvez pudéssemos chamá-lo de *Falco parvulus terramarinus*. (Não pensei em *parvulus* [pequeno] quando escrevi a carta, mas deveria estar lá. Um *sparrowhawk* é uma ave de rapina bem pequena. Ged era um rapaz aguerrido, mas baixo).

Depois de ter respondido à carta, pensei na rapidez e no prazer com que o tinha feito. Olhei para a pilha de cartas à espera de resposta que nunca diminuía e pensei no quanto queria adiar respondê-las porque muitas delas seriam difíceis, algumas impossíveis... No entanto, queria muito respondê-las porque haviam sido escritas por pessoas que gostavam da minha obra ou pelo menos estavam respondendo a ela, tinham perguntas a respeito dela e haviam se dado ao trabalho de me dizer isso, portanto mereciam o trabalho – e, às vezes, o prazer – de uma resposta.

O que torna tantas cartas ao autor difíceis de responder? O que as difíceis têm em comum? Há alguns dias venho pensando sobre isso. Por ora, cheguei a essa conclusão:

Elas fazem perguntas grandes e gerais às vezes oriundas de alguma área que quem escreveu conhece muito, muito mais do que eu, como filosofia, metafísica ou teoria da informação.

Ou fazem perguntas extensas e gerais sobre como o taoísmo, o feminismo, a psicologia junguiana ou a teoria da

---

à diferença entre falcões e gaviões. O *sparrowhawk* do Novo Mundo, *Falco sparverius*, também conhecido como *American kestrel*, é chamado de falcão-americano em português; o europeu, *Accipiter nisus*, é o gavião-da-europa. [N. de T.]

informação me influenciaram – perguntas que em alguns casos só podem ser respondidas com uma longa tese de doutorado, em outros só com "não muito".

Ou então fazem perguntas grandes e gerais baseadas em equívocos grandes e gerais sobre como os escritores trabalham – por exemplo, "De onde você tira suas ideias?", "Qual é a mensagem do seu livro?", "Por que você escreveu este livro?" "Por que você escreve?"

Essa última pergunta (que, na verdade, é altamente metafísica) é feita muitas vezes por jovens leitores. Alguns escritores, mesmo aqueles que não escrevem de fato para ganhar a vida, respondem "por dinheiro", o que certamente interrompe qualquer discussão posterior, sendo o beco mais sem saída de todos. Minha resposta honesta é "porque gosto", mas isso raramente é o que o indagador quer ouvir, ou o que o professor quer encontrar na resenha do livro ou no trabalho do aluno. Eles querem algo *significativo*.

Significado – essa talvez seja a nota comum, o flagelo que estou procurando. Qual é o significado deste livro, deste evento no livro, desta história?... diga-me o que isso significa.

Mas essa tarefa não é minha, querido. Essa tarefa é sua.

Eu sei, pelo menos em parte, o que minha história significa para mim. Pode muito bem significar algo bastante diferente para você. E o que significava para mim quando a escrevi em 1970 pode não ser, de forma alguma, o que significava para mim em 1990 ou significa para mim em 2011. O que significou para qualquer pessoa em 1995 pode ser bem diferente do que significará em 2022. O que significa no Oregon pode ser incompreensível em Istambul, contudo em Istambul pode ter um significado que eu jamais poderia ter sonhado...

Significado na arte não é o mesmo que significado na ciência. O significado da segunda lei da termodinâmica, desde que as palavras sejam entendidas, não é alterado por quem lê, ou quando ou onde. O significado de *Huckleberry Finn* é.

Escrever é uma aposta arriscada. Sem garantias. Você tem de lançar-se à sorte. Fico feliz de fazer isso. Adoro me lançar. Então, minhas coisas são mal lidas, mal entendidas, mal interpretadas – e daí? Se a coisa for real, sobreviverá a quase todo abuso que não seja ser ignorada, desaparecida, não lida.

"O que significa", para você, é o que significa para você. Se tiver dificuldade em decidir o que, se é que significa alguma coisa, consigo entender por que você gostaria de me perguntar, mas, por favor, não faça isso. Leia os resenhistas, críticos, blogueiros e acadêmicos. Todos escrevem sobre o que os livros significam para eles, tentam explicar um livro, alcançar uma compreensão comum válida para outros leitores. Esse é o trabalho deles, e alguns o fazem maravilhosamente bem.

É um trabalho que faço como resenhista, e gosto dele. Mas o meu trabalho como escritora de ficção é escrever ficção, não a resenhar. Arte não é explicação. Arte é o que um artista faz, não o que um artista explica. (Ou assim me parece, e é por isso que tenho um problema com o tipo de arte moderna de museu que envolve a leitura do que o artista diz sobre uma obra a fim de descobrir por que se deve olhar para ela ou "como experimentá-la").

Vejo o trabalho de uma ceramista como sendo o de fazer um bom vaso, não o de falar sobre como, onde e por que ela o fez, para que ela pensa que serve, quais outros vasos influenciaram aquele, o que o vaso significa ou como alguém deve experimentar o vaso. Ela pode fazer isso, se quiser, é claro, mas será que se deve esperar isso dela? Por quê? Não espero nem quero que ela o faça. Tudo que espero de uma boa ceramista é que ela vá e faça outro bom vaso.

Perguntas dos leitores

Uma pergunta como a dos *sparrowhawks* (não grande, não geral, não metafísica e não pessoal), uma questão de detalhe, de fato (no caso da ficção, fato imaginário) – uma pergunta limitada, específica, sobre determinada obra –, é uma pergunta que a maioria dos artistas está disposta a tentar responder. E perguntas sobre técnica, se forem limitadas e precisas, podem ser intrigantes para o artista considerar ("Por que você usou um verniz de mercúrio?" ou "Por que você escreve/não escreve no tempo presente?", por exemplo).

Perguntas grandes e gerais sobre significado etc. só podem ser respondidas com generalidades, o que me deixa desconfortável, porque é muito difícil ser honesta quando se generaliza. Se você pular todos os detalhes, como pode saber se está sendo honesta ou não?

Mas qualquer pergunta, se for limitada, específica e precisa, pode ser respondida honestamente – mesmo que com "Honestamente não sei, nunca pensei sobre isso, agora tenho que pensar a respeito, obrigada por perguntar!". Sou grata por perguntas como essa. Elas me mantêm pensando.

Agora, de volta a Hopkins e "The Windhover" [O Falcão]...

Vi de manhã o dom do dia em seu jar-
    dim diáfano, delfim de luz, Falcão dia-dilúcido-doura-
    do, cavalgando
    O rio-rolante – sob seu ser – raro ar, e já se alçando
Mais alto...*

---

* Versão extraída do livro *Hopkins: a beleza difícil*, com tradução de Augusto de Campos (São Paulo: Perspectiva, 1997). [N. de T.]

Ah, poderíamos explicar e falar sobre o que o poema significa, e por que e como faz o que faz, para sempre. E iremos, espero eu. Mas o poeta, como o falcão, deixa isso conosco.

Cartas infantis

Dezembro de 2013

As pessoas, às vezes, parecem surpresas quando digo que adoro receber cartas de fãs escritas por crianças. Sempre me impressiono com a surpresa delas.

Recebo cartas muito adoráveis de crianças com menos de 10 anos que me escrevem por conta própria, a maioria com uma pequena contribuição dos pais. Elas frequentemente se descrevem como "Sua Maior Fã", o que me faz imaginar a criança elevando-se de maneira simpática sobre o Empire State Building. Mas a maior parte das cartas vem de trabalhos escolares nas quais os livros da série *Gatos alados* são lidos. Tento responder a essas cartas ao menos agradecendo cada criança pelo nome. Normalmente não posso fazer muito mais do que isso.

Algumas são problemáticas: o professor dissera às crianças que "escrevessem a um autor", tornando a tarefa uma exigência sem consideração pelos sentimentos ou capacidades dos estudantes – ou pelos meus. Um menino desesperado de 10 anos, forçado a escrever ao autor, me disse: "Eu li a capa. É muito boa". O que devo dizer a ele? O professor colocou tanto o aluno quanto a mim nessa posição e nos abandonou lá. Nada justo.

Frequentemente os professores pedem aos alunos para dizerem ao autor qual é sua parte favorita do livro e fazer uma pergunta. A parte favorita vai bem, a criança sempre pode enganar; mas fazer uma pergunta é inútil, a menos que o estudante realmente tenha uma. É também uma falta de consideração, pois cria a impossível expectativa de que um autor possa escrever de volta com respostas a 25 ou 30 perguntas diferentes, mesmo que a maioria delas seja variação de dois ou três temas padrão.

Quando os professores deixam as crianças escreverem o que querem, caso elas queiram escrever algo, funciona. As perguntas são reais, embora algumas pudessem deixar até a Esfinge perplexa. "Por que os gatos alados têm asas?", "Por que você escreveu livros?" "Quero saber como você faz algumas das palavras da capa inclinadas", "Meu gato Boo tem 9 anos. Eu tenho 10. Quantos anos tem o seu gato? É justo caçar ratos?". E há críticas interessantes. As crianças são francas, tanto positiva quanto negativamente; seus comentários dizem o que lhes interessa e o que as perturba. "James melhorou? Depois da Coruja?" "Odeio a dona Jane Tabby ela fez seus filhotinhos irem embora de caza".

As cartas de sala de aula de que mais gosto são aquelas em que o professor encorajou as crianças a desenharem suas próprias imagens de cenas do livro ou a escreverem sequências e continuações de *Gatos alados*.

Gatos alados 5 e *Gatos alados 6*,* publicados há um bocado de tempo, são exemplos de uma abordagem desse

---

* Disponíveis em http://www.ursulakleguinarchive.com/Catwings5/index.html e http://www.ursulakleguinarchive.com/Catwings6/index.html. [N. de T.]

tipo: o professor orientou os estudantes, colaborou com eles na invenção da história e escolheu as figuras para ilustrá-la. Esse é um exercício admirável de trabalho em equipe em um projeto artístico, e o resultado é encantador. O controle dos adultos, no entanto, inevitavelmente domestica a imprevisibilidade selvagem das histórias e figuras que vêm diretamente da imaginação de cada criança. Tais ilustrações, histórias e livretos são para mim um deleite quase puro.

A impureza ocasional está nas histórias, agora inevitáveis, que imitam jogos eletrônicos, uma instância mais alarmante de controle adulto. Nelas, os gatos alados atravessam "um portal" para o meio de uma aventura incoerente envolvendo batalhas e a matança de inimigos, monstros etc. aos montes. Evidentemente, essa é a única história que a criança conhece. É assustador ver uma mente presa em uma repetição interminável de atos violentos sem significado ou resolução, apenas se intensificando para manter a continuidade do estímulo. Até agora, esse tipo de coisa veio apenas de meninos, o que pode ser, à sua maneira, um sinal de esperança. Lembro de ouvir meu irmão mais velho em 1937 inventando e interpretando suas próprias histórias de aventura em seu quarto – bramidos desafiadores, batidas abafadas, gritos de "Pega ele! Pega ele!" e tiros de metralhadora. Meu irmão saiu de todo esse aniquilamento como um adulto bastante não violento. Mas os jogos de destruição instantaneamente recompensados, nos quais os personagens e a ação já estão prontas e o único objetivo é "vencer", são concebidos para ser viciantes e, portanto, podem ser difíceis de superar ou substituir. Compelida a um ciclo de retroalimentação sem fim e sem sentido, a imaginação é deixada à míngua e esterilizada.

Quanto à alegria que sinto pelas histórias e livretos, uma grande parte dela está em ver que muitas crianças estão perfeitamente dispostas a escrever um livro (o livro pode ser construído com cerca de cinquenta palavras). Elas têm muita confiança em escrever e em ilustrar. Têm prazer em montar capítulos, um índice, uma capa e uma dedicatória. E, no final, todas escrevem "Fim" com um floreio orgulhoso. Elas devem se orgulhar. O professor está orgulhoso delas. Eu estou orgulhosa delas. Espero que a família esteja orgulhosa delas. Ter escrito um livro é uma coisa muito bacana quando se tem 6, 8 ou 10 anos de idade. Leva a outras coisas legais, como a leitura destemida. Por que alguém que escreveu um livro teria medo de ler um?

Como uma *connoisseur*, posso dizer que as melhores cartas e livros de crianças são inteiramente feitos à mão. Um computador pode facilitar a escrita, mas isso nem sempre é uma vantagem: a facilidade induz à pressa e à verborragia. Do ponto de vista visual, a impressão, com todos os caracteres idiossincráticos homogeneizados em uma fonte padrão, é monotonamente limpa, enquanto a escrita artesanal é cheia de vitalidade. A verificação ortográfica computadorizada tira todo o sabor da ortografia não prescritiva e criativa que pode proporcionar grande deleite a um leitor. Em uma impressão, ninguém me diz qual é sua parti favrita do livro, ou sua patre farvoita, ou patre faveta, ou pati favroita. Em uma impressão, ninguém me pergunta "Poqe voçe desidil de escreve catos alados?". E não há saudações finais esplêndidas, tais como "Atencamente", que me deixou perplexa, até que "Atemente" e "Tensiosamente" me ajudaram a entender. Ou "Um abraço", que também se soletra "um braço". Ou, com frequência, em língua inglesa, ecoando a jovem Jane Austen, "*Your freind*". Ou, às vezes, as despedidas totalmente misteriosas – "atel di Derik", "Velogs, Anna".

Velogs, professores corajosos, crianças corajosas! (E obrigada pelas citações!)

atel di Ursula.

Ter meu bolo

Abril de 2012

A incapacidade de compreender provérbios é um sintoma de algo – é esquizofrenia? Ou paranoia? De qualquer forma, alguma coisa muito ruim. Quando ouvi isso, há muitos anos, fiquei preocupada. Tudo o que já ouvi sobre um sintoma me preocupa. Será que eu tenho isso? Sim! Sim, eu tenho! Oh, Deus!

E eu tinha provas da minha paranoia (ou esquizofrenia). Havia um provérbio muito comum na língua inglesa que eu sabia jamais haver compreendido.

VOCÊ NÃO PODE TER O BOLO
E TAMBÉM COMÊ-LO.

Minha lógica pessoal dizia: Como é possível comer um bolo que não se tem?

E como eu não podia usar esse argumento, agarrei-me silenciosamente a ele, o que me deixou em um dilema: ou o ditado não fazia sentido (então por que as pessoas inteligentes o diziam?) ou eu era esquizofrênica (ou paranoica).

Passaram-se anos, durante os quais, de vez em quando, eu ficava intrigada com o meu problema com o provérbio. E, aos poucos, aos poucos, veio-me à mente que a palavra *ter* possui vários significados ou sombras de significado, o principal sendo "assenhorear-se" ou "possuir", mas com algumas conotações menos comuns, tais como "dispor", "manter".

VOCÊ NÃO PODE MANTER O BOLO E TAMBÉM COMÊ-LO.

Ah!
Entendi!
É um bom provérbio!
E eu não sou uma esquizofrênica paranoica!
Mas parecia curioso que eu não tivesse chegado antes ao significado de "manter" do verbo ter. Isso também intrigou-me por um tempo e finalmente cheguei a este ponto:

Para começar, parece que os verbos estão na ordem errada. Afinal de contas, você precisa ter o bolo antes de comer. Eu poderia ter entendido o ditado caso ele fosse "Você não pode comer o bolo e também tê-lo".

E então, outro tipo de confusão, também ligada a ter. No dialeto inglês da Costa Oeste dos Estados Unidos com o qual cresci, "tive bolo na festa" era o modo como dizíamos "comi bolo na festa". Então, "você não pode ter o bolo e também comê-lo" tentava dizer que eu não podia comer meu bolo e comê-lo também...

E ao ouvir isso dessa forma quando criança, pensei: "Ahn?", mas não disse nada, porque não há maneira, nenhuma maneira possível, de uma criança perguntar sobre tudo que os adultos falam que a faz pensar "Ahn?". Então só tentei descobrir. E quando fiquei presa ao ilógico bolo que você tem sendo o bolo que você não pode comer, nunca me ocorreu que se tratava de acumular *versus* devorar, ou da necessidade de escolha quando não há meio-termo.

Suponho que você já tenha tido bolo o bastante. Sinto muito.

Mas, veja, esse é o tipo de coisa em que penso muito.

Substantivos (bolo), verbos (ter), palavras, e os usos e maus usos das palavras, e os significados das palavras, e como as palavras e seus significados mudam com o tempo e com o lugar, e as derivações das palavras a partir de palavras mais antigas ou de outras línguas – as palavras me fascinam como os besouros *Boisea trivittata* fascinam meu amigo Pard. Pard, a essa altura, não tem permissão para sair, então tem que caçar dentro de casa. Dentro de casa não temos, a essa altura, ratos. Mas temos besouros. Ah, sim, meu Deus, temos besouros. E se Pard ouve, cheira ou vê um besouro, aquele besouro instantaneamente ocupa seu universo. Ele não vai parar por nada – vai revirar cestos de lixo, derrubar e destruir pequenos objetos frágeis, empurrar grandes dicionários pesados para o lado, saltar de modo selvagem no ar ou no alto da parede, olhar fixamente sem se mover por dez minutos para a inatingível lâmpada na qual um besouro é visível como uma minúscula silhueta em movimento... E quando ele pega o besouro, e ele sempre pega, sabe que não se pode ter um besouro e comê-lo também. Por isso, ele o come. Instantaneamente.

Eu sei, embora não goste muito de saber, que não há muita gente que compartilhe desse fascínio ou obsessão particular. Com palavras, no meu caso, não com besouros. Contudo, eu queria ressaltar que Charles Darwin era quase tão profundamente fascinado por besouros quanto Pard, embora com um objetivo um pouco diferente. Darwin até colocou um na boca uma vez, em uma tentativa malsucedida de mantê-lo comendo-o. Não funcionou.[1] De qualquer forma, muitas pessoas se comprazem em ler sobre o significado e a história de palavras e frases pitorescas, mas não são muitas as que gostam de remoer durante anos uma sombra de significado do verbo *ter* em um ditado banal.

Mesmo entre os escritores, nem todos parecem compartilhar do meu prazer em buscar uma palavra ou um uso nos dicionários e nos cestos de lixo. Se começo a fazer isso em voz alta em público, alguns me olham com horror ou pena, ou tentam sair de fininho. Por essa razão, nem tenho certeza de que isso tenha algo a ver com o fato de eu ser escritora.

Mas acho que tem. Não com ser escritora em si, mas com o *meu* ser escritora, minha maneira de ser escritora. Quando requisitada a falar sobre o que faço, muitas vezes comparo a escrita com o artesanato – tecelagem, confecção de panelas, marcenaria. Vejo meu fascínio pela palavra de modo muito parecido com, digamos, o fascínio pela madeira comum a entalhadores, carpinteiros, ebanistas – pessoas que encontram uma bela peça de madeira de castanheira velha com deleite e a estudam, aprendem seu grão e a manuseiam com prazer sensual, e consideram o que foi feito com a madeira de castanheira e o que se pode fazer com ela, amando a própria madeira, o mero material, a matéria de seu ofício.

Porém, quando comparo meu ofício com o deles, me sinto um pouco presunçosa. Marceneiros, ceramistas e tecelões mexem com materiais reais, e a beleza de seu trabalho é

---

[1] Da autobiografia de Darwin: "Darei prova de meu zelo: um dia, ao rasgar algum tronco velhoo, vi dois besouros raros e peguei um em cada mão; depois vi um terceiro e novo tipo, que não poderia suportar perder, então coloquei o que tinha na mão direita em minha boca. Ai de mim! Ele ejetou um pouco de fluido intensamente acre, que queimou minha língua de modo que fui forçado a cuspir o besouro, que se perdeu, assim como o terceiro".

profunda e esplendidamente corpórea. A escrita é uma atividade tão imaterial, tão mental! Em sua origem, é meramente discurso com arte, e a palavra falada não é mais do que respiração. Escrever ou gravar a palavra de alguma forma, é incorporá-la, torná-la durável; e a caligrafia e a composição tipográfica são ofícios materiais que alcançam grande beleza. Eu os aprecio. Mas, na verdade, eles têm pouco mais a ver com o que eu faço do que tecer, fazer vasos ou trabalhar com madeira. É grandioso ver seu poema lindamente impresso, mas o importante para o poeta, ou em todo caso para esta poeta, é meramente *vê-lo impresso*, do modo que for, onde quer que seja – a fim de que os leitores possam ler. Para que o poema possa caminhar de mente em mente.

Eu trabalho em minha mente. O que faço é feito em minha mente. E o que minhas mãos fazem com isso ao escrever não é o mesmo que o que as mãos do tecelão fazem com o fio, ou as mãos do ceramista com o barro, ou as do ebanista com a madeira. Se o que faço, o que fabrico, é bonito, não é uma beleza física. É imaginária, tem lugar na mente – em minha mente e na do meu leitor.

Você poderia dizer que ouço vozes e acredito que as vozes são reais (o que significaria que sou esquizofrênica, mas o teste do provérbio prova que não sou – eu entendo, eu o entendo, doutor!). E que, então, ao escrever o que ouço, eu induzo ou estimulo os leitores a acreditarem que as vozes também são reais... Essa não é uma boa descrição, no entanto. Não sinto que seja assim. Não sei realmente o que fiz durante toda a minha vida, essa vernacularia.

Mas sei que para mim as palavras são coisas quase imateriais, mas atuais e reais, e que gosto delas.

Gosto do aspecto mais material delas: do som, ouvido na mente ou falado pela voz.

E, somado a isso, inesperadamente, gosto das danças de significado que as palavras fazem umas com as outras, das infinitas mudanças e complexidades de suas inter-relações no período ou no texto, pelas quais os mundos imaginários são construídos e compartilhados. A escrita me envolve nesses dois aspectos das palavras, em um jogo inesgotável que é o trabalho da minha vida.

As palavras são a minha matéria – minha coisa. As palavras são meu novelo de lã, meu pedaço de barro molhado, meu bloco de madeira não entalhado. As palavras são o meu bolo mágico e antiproverbial. Eu o como e ainda o tenho.

Papai H

Junho de 2013

Estava pensando em Homero e ocorreu-me que seus dois livros são as duas histórias básicas de fantasia: a guerra e a jornada.

Tenho certeza de que outros já pensaram nisso. Essa é a questão de Homero. As pessoas continuam voltando a ele e descobrindo coisas novas ou coisas velhas, coisas pela primeira vez ou coisas que se repetem, e dizendo-as. Isso vem acontecendo há dois ou três milênios. É um tempo incrivelmente longo para que qualquer coisa signifique algo a alguém.

De toda forma, *A Ilíada* é a guerra (na verdade, apenas um pedaço dela, próximo do fim, mas sem incluí-lo) e *Odisseia* é a jornada (Lá e de Volta Outra Vez, como disse Bilbo).

Acho que Homero é mais astuto que a maioria dos escritores que trataram da guerra, ao não tomar partido.

A Guerra de Troia não é e não se pode fazer com que seja a Guerra do Bem contra o Mal. É apenas uma guerra, uma confusão dispendiosa, inútil, desnecessária, estúpida, morosa, cruel, cheia de atos individuais de coragem, covardia, nobreza, traição, mutilações e estripamento. Homero era grego e poderia ter sido parcial em relação ao lado grego, mas ele tinha um senso de justiça ou equilíbrio que parece caracteristicamente grego – talvez seu povo tenha aprendido muito disso com ele? Sua imparcialidade está longe de ser serena; a história é uma torrente de ações apaixonadas, generosas, desprezíveis, magníficas, triviais. Mas é sem preconceitos. Não é Satanás contra os Anjos. Não são os Guerreiros Santos contra os Infiéis. Não são os hobbits contra orcs. São apenas pessoas contra pessoas.

É claro que se pode *tomar* partido, e quase todo mundo toma. Eu tento não tomar, mas não adianta, simplesmente gosto mais dos troianos que dos gregos. Não obstante, Homero realmente não toma partido, e assim ele permite que a história seja trágica. Pela tragédia, a mente e a alma são enlutadas, alargadas e exaltadas.

Se a guerra em si é capaz de se elevar à tragédia e, ampliar e exaltar a alma, deixo a questão para aqueles que fizeram mais imediatamente parte de uma guerra do que eu. Acho que alguns acreditam que sim e poderiam dizer que a oportunidade de heroísmo e tragédia justifica a guerra. Não sei; tudo o que sei é o que um *poema* sobre uma guerra pode fazer. Em todo caso, a guerra é algo que os seres humanos fazem e não mostram sinais de que vão parar de fazer, e por isso pode ser menos importante condenar ou justificar o fato do que ser capaz de percebê-lo como trágico.

Mas, uma vez que se toma partido, perde-se essa capacidade.

É nossa religião dominante que nos faz querer que a guerra seja entre os bons e os maus?

Na Guerra do Bem contra o Mal, pode haver justiça divina ou suprema, mas não tragédia humana. Ela é por definição, tecnicamente, cômica (como em *A divina comédia*):

os bons ganham. Tem um final feliz. Se os maus vencerem os bons, final infeliz, é mera inversão, o outro lado da mesma moeda. O autor não é imparcial. A distopia não é tragédia.

Milton, um cristão, tinha que tomar partido e não podia evitar a comédia. Ele só podia se aproximar da tragédia fazendo o Mal, na pessoa de Lúcifer, grandioso, heroico e até mesmo simpático – isto é, por meio da falsificação. Ele falsificou muito bem.

Talvez não sejam apenas os hábitos cristãos de pensamento, mas a dificuldade que todos experimentamos ao crescer que nos faz insistir que a justiça deve favorecer os bons.

Afinal de contas, "Que vença o melhor homem" não significa que o homem bom vencerá. Significa: "Esta será uma luta justa, sem preconceitos, sem interferências – a fim de que o melhor lutador vença". Se o valentão traiçoeiro derrotar justamente o cara legal, o valentão traiçoeiro é declarado campeão. Isso é justiça. Mas é o tipo de justiça que as crianças não conseguem suportar. Elas se enfurecem contra isso. *Não é justo!*

Mas se as crianças nunca aprendem a suportar isso, não podem continuar a aprender que uma vitória ou uma derrota em batalha, ou em qualquer competição que não seja puramente moral (o que quer que isso seja), não tem nada a ver com quem é moralmente melhor.

A força não torna certo. Certo?

Portanto, o certo não torna forte. Certo?

Mas nós queremos que sim. "Minha força é como a força de dez porque meu coração é puro."

Se insistimos que no mundo real o vitorioso *deve ser* o cara bom, sacrificamos o justo ao poder. (É o que a História faz após a maioria das guerras, quando aplaude os vencedores por sua virtude superior, bem como por seu poder de fogo superior.) Se falsificarmos os termos da competição, fragilizando-os, para que os bons possam perder a batalha, mas sempre ganhar a guerra, abandonaremos o mundo real, estaremos na terra da fantasia – o país do pensamento ilusório.

Homero não trabalhava com pensamentos ilusórios.

O Aquiles de Homero é um oficial desobediente, um adolescente emburrado, autocomiserativo, que se encoleriza e não quer lutar pelo próprio lado. Um sinal de que Aquiles pode crescer um dia, se tiver tempo, é o amor por seu amigo Pátroclo. Mas sua grande irritação se deve a uma garota que lhe foi dada para estuprar, porém tem de ser devolvida a seu oficial superior, o que para mim ofusca um tanto a história de amor. Para mim, Aquiles não é um mocinho. Mas ele é um bom guerreiro, um grande lutador – ainda melhor que o principal guerreiro de Troia, Heitor. Heitor é um mocinho em todas as acepções (marido gentil, pai gentil, responsável em todos os aspectos) um *mensch*. Mas o certo não torna forte. Aquiles o mata.

A famosa Helena desempenha um papel bem pequeno na *Ilíada*. Como sei que ela atravessará toda a guerra sem um fio em sua cabeleira loura escovada fora do lugar, eu a vejo como oportunista, imoral, emocionalmente tão profunda como uma assadeira de biscoito. Mas se eu acreditasse que os bons vencem, que a recompensa vai para os virtuosos, teria que vê-la como uma beleza inocente enganada pelo Destino e salva pelos gregos.

E as pessoas de fato a veem dessa maneira. Homero permite a cada um de nós fabricar nossa própria Helena; e assim ela é imortal.

Eu não sei se tal nobreza de espírito (no sentido dos imparciais gases "nobres") é possível para um escritor moderno de fantasia. Como temos trabalhado tão duro para separar a

História da Ficção, nossas fantasias são avisos terríveis, ou meros pesadelos, ou então concretizações de desejos.

Não conheço nenhuma história de guerra comparável à da *Ilíada*, exceto talvez o grande épico indiano, o *Mahabharata*. Seus cinco irmãos-heróis são certamente heróis, é a história deles – mas é também a história de seus inimigos, também heróis, alguns dos quais são caras realmente legais – e é tudo tão imenso e complicado, cheio de acertos e erros, e de implicações e deuses que interferem ainda mais diretamente do que os deuses gregos; e então, afinal, o fim é trágico ou cômico? A coisa toda é como um caldeirão gigante de comida sempre reabastecido no qual você pode mergulhar o garfo e sair com o que mais precisa para nutrir-se naquele momento. Mas da próxima vez pode ter um sabor bem diferente.

E o sabor do *Mahabharata* como um todo é muito, muito diferente do da *Ilíada*, sobretudo porque a *Ilíada* é (intervenção divina injusta à parte) espantosamente realista e encarniçadamente insensível em relação ao que se passa em uma guerra. A guerra do *Mahabharata* é toda fantasia deslumbrante, desde as façanhas sobre-humanas até as super-mega-armas. É somente em seu sofrimento espiritual que os heróis indianos tornam-se, de forma repentina, partindo e abrindo o coração, reais.

Quanto à Jornada:

As partes reais da viagem da *Odisseia* são aparentadas ou ancestrais de todos os nossos contos de fantasia em que alguém parte por mar ou terra, encontrando maravilhas, horrores, tentações e aventuras, possivelmente amadurecendo ao longo do caminho e talvez voltando para casa no final.

Junguianos como Joseph Campbell generalizaram tais jornadas em um conjunto de eventos e imagens arquetípicas. Embora essas generalidades possam ser úteis na crítica, desconfio delas como fatalmente redutoras. "Ah, a Viagem Noturna ao Mar!", bradamos, sentindo que compreendemos algo importante – mas estamos apenas reproduzindo. Até que estejamos de fato nessa viagem, não compreendemos nada.

As viagens de Ulisses envolvem um conjunto de aventuras tão estupendo que tendo a esquecer quanto do livro é de fato sobre a esposa e o filho – o que acontece em casa enquanto ele viaja, como o filho vai à sua procura e todas as complicações de seu retorno ao lar. Uma das coisas que amo em *O senhor dos anéis* é a compreensão de Tolkien sobre a importância do que acontece na fazenda enquanto o herói está levando suas Mil Faces ao redor do mundo. Mas até você voltar para a fazenda com Frodo e os outros, Tolkien nunca o leva de volta para casa. Homero leva. Durante toda a viagem de dez anos, o leitor alterna entre ser Ulisses tentando desesperadamente chegar a Penélope e ser Penélope esperando desesperadamente por Ulisses – tanto o viajante quanto o objetivo – uma peça tremenda de tecedura narrativa temporal e espacial.

Homero e Tolkien também são notavelmente honestos sobre a dificuldade de ser um herói que viajou para muito longe e agora volta para casa. Nem Ulisses nem Frodo são capazes de permanecer em casa por muito tempo. Gostaria que Homero tivesse escrito algo sobre como foi para o rei Menelau quando *ele* chegou em casa, junto com sua esposa Helena, por quem ele e o resto dos gregos haviam lutado por dez anos para reconquistar, enquanto ela, segura dentro das muralhas de Troia, desfilava com o belo príncipe Páris (e depois, quando ele foi atacado, ela casou-se com o irmão do príncipe). Aparentemente, nunca passou pela cabeça dela enviar ao Maridinho N.1, Menelau, lá embaixo na praia, na chuva, um e-mail ou mesmo uma mensagem de texto. Mas também, a família de Menelau, durante uma ou duas gerações, tinha sido bastante desafortunada ou, como diríamos, disfuncional.

Talvez não seja apenas a fantasia que se pode rastrear até Homero?

Um prêmio literário muito necessário

Janeiro de 2013

Soube pela primeira vez do Prêmio Sartre na "NB", a confiavelmente prazerosa última página do *London Times Literary Supplement*, assinada por J. C. A fama do prêmio, nomeado em honra do escritor que recusou o Nobel em 1964, está ou deveria estar crescendo rapidamente. Como J. C. escreveu na edição de 23 de novembro de 2012, "Tão grande é o status do Prêmio Jean-Paul Sartre pela Recusa de Prêmio que escritores de toda a Europa e América estão recusando prêmios na esperança de serem indicados a um Sartre". Ele acrescenta com orgulho modesto: "O Prêmio Sartre, em si, nunca foi recusado."
    Lawrence Ferlinghetti foi recém-selecionado para o Prêmio Sartre por ter recusado um prêmio de poesia de 50 mil euros oferecido pela divisão húngara do PEN. O prêmio é financiado, em parte, pelo repressivo governo húngaro. Ferlinghetti sugeriu educadamente que usassem o dinheiro do prêmio para criar um fundo para "a publicação de autores húngaros cujos escritos apoiam a liberdade total de expressão".
    Não pude deixar de pensar como teria sido bacana se Mo Yan tivesse usado parte do dinheiro de seu Prêmio Nobel

para criar um fundo a fim de publicar autores chineses cujos escritos apoiam a liberdade total de expressão. Mas isso parece improvável.

O motivo da recusa de Sartre era consistente com sua recusa em se juntar à Legião de Honra, e a outras organizações do gênero, e característica do complicado e contrassugestionável existencialista. Ele disse: "Não é a mesma coisa se eu assinar Jean-Paul Sartre ou se assinar Jean-Paul Sartre, ganhador do Prêmio Nobel. Um escritor deve recusar se deixar transformar em uma instituição." Ele já era, é claro, uma "instituição", mas valorizava sua autonomia pessoal. (Como ele reconciliava esse valor com o maoísmo não é claro para mim.) Ele não deixou que as instituições o possuíssem, mas uniu-se a revoltas e foi preso por desobediência civil nas manifestações de rua que apoiavam as greves de maio de 1968. O presidente De Gaulle rapidamente o perdoou, com a magnífica observação gálica de que "não se prende Voltaire".

Gostaria que o Prêmio Sartre pela Recusa de Prêmio pudesse ter sido nomeado Prêmio Boris Pasternak, em homenagem a um de meus verdadeiros heróis. Mas não seria apropriado, já que Pasternak não escolheu exatamente recusar seu Nobel de 1958. Ele teve que recusar. Se tivesse tentado aceitar, o governo soviético o teria prendido prontamente, com entusiasmo, e o teria enviado ao silêncio eterno em um gulag na Sibéria.

Eu recusei uma vez um prêmio. Meus motivos eram menores do que os de Sartre, embora não totalmente alheios. Foi nos dias mais gelados e insanos da Guerra Fria, quando até mesmo o pequeno planeta Efecê estava politicamente dividido contra si mesmo. Minha noveleta *The diary of the rose* recebeu o Prêmio Nebula da Science Fiction Writers of America (SFWA). Mais ou menos ao mesmo tempo, a mesma organização privou o romancista polonês Stanisław Lem de sua filiação honorária. Havia um contingente considerável de membros Guerreiros Frios que achava que um homem que vivia atrás da Cortina de Ferro e era rude em relação à ficção científica norte-americana devia ser um rato comunista e não merecia espaço na SFWA. Invocaram uma tecnicalidade para privá-lo de sua filiação e insistiram nela. Lem era um homem difícil, arrogante, às vezes insuportável, mas corajoso, e um autor de primeira classe, escrevendo com mais independência de espírito do que parecia ser possível na Polônia sob o regime soviético. Fiquei com muita raiva diante da injustiça do insulto grosseiro e mesquinho oferecido a ele pela SFWA. Abandonei minha filiação e, sentindo que seria vergonhoso aceitar um prêmio por uma história sobre intolerância política de uma organização que acabara de demonstrar intolerância política, retirei minha inscrição da competição pelo Nebula pouco antes de os vencedores serem anunciados. A SFWA me telefonou para implorar que não a retirasse, já que, de fato, eu havia vencido. Não pude fazer isso. Então – com a ironia perfeita que aguarda qualquer um que faça uma pose nobre em um plano moral superior –, meu prêmio foi para o segundo colocado: Isaac Asimov, o maioral dos Guerreiros Frios.

O que relaciona minha pequena recusa à grande de Sartre é o senso de que aceitar um prêmio de uma instituição é ser cooptada por ela, é incorporá-la. Sartre se recusou a aceitar isso no princípio geral, enquanto eu agi em protesto específico. Mas tenho simpatia por sua desconfiança em se permitir ser identificado como algo outro que ele mesmo. Ele sentiu que o enorme rótulo "sucesso" que o Nobel cola na testa de um autor esconderia, por assim dizer, seu rosto. Seu tornar-se "Nobelista" adulteraria sua autoridade como Sartre.

O que é, claro, exatamente o que o maquinário do domínio dos best-sellers e dos prêmios quer: o nome como produto. O selo garantido do sucesso comercial. O vencedor do Prêmio Nobel Fulano de Tal. Autor mais Vendido Assim e Assado. Quenhéesse, trinta semanas na lista dos mais vendidos do *New York Times*. Maria D. Ganhouopulitzer... João Q. MacArthurgênio...

Não é o que as pessoas que estabeleceram os prêmios querem que eles sejam ou signifiquem, mas como são usados. Como forma de homenagear um escritor, um prêmio tem valor genuíno, mas o uso de prêmios como um estratagema de marketing pelo capitalismo corporativo, e às vezes como um artifício político por parte dos premiados, comprometeu seu valor. E quanto mais prestigioso e valorizado o prêmio, mais comprometido ele é.

Ainda assim, estou feliz que José Saramago, um marxista muito mais duro do que Sartre, tenha achado por bem não recusar o Prêmio Nobel. Ele sabia que nada, nem mesmo o sucesso, poderia comprometê-lo, e nenhuma instituição poderia transformá-lo nela mesma. Seu rosto foi seu próprio rosto até o fim. E, apesar das muitas seleções e omissões bizarras do comitê, o Prêmio Nobel de Literatura conserva um valor considerável, precisamente porque *ele* é associado a escritores como Pasternak, Szymborska ou Saramago. Ele tem pelo menos um vislumbre refletido de seus rostos.

Mesmo assim, acho que o Prêmio Sartre pela Recusa de Prêmio deve ser reconhecido como valioso, oportuno e, mais ainda, bastante seguro contra a exploração. Gostaria que alguém realmente desprezível me concedesse um prêmio para que eu pudesse estar na corrida por um Sartre.

OGRA e AVDI

Setembro de 2011

Quando eu era uma jovem romancista, era comum que um crítico se tornasse fervoroso e declarasse que um livro obscuro como *Call It Sleep* ou de grande sucesso como *Os nus e os mortos* era "o grande romance americano". A expressão era usada pelos escritores meio como piada – "O que você está escrevendo atualmente?" "Ah, você sabe, o grande romance americano". Acho que faz pelo menos algumas décadas que não vejo a frase ser usada. Talvez tenhamos desistido da grandeza, ou da grandeza norte-americana.

Comecei há algum tempo a resistir a declarações de grandeza literária no sentido de destacar qualquer livro como OGRA, ou mesmo de fazer listas dos Grandes Livros Americanos. Em parte porque as supostas categorias de excelência que omitem toda a escrita de gênero e os prêmios, as listas de leituras e os cânones que rotineiramente e sem questionamento favorecem o trabalho dos homens na metade leste dos Estados Unidos não faziam sentido para mim. Mas sobretudo porque não achava e não acho que temos muita ideia do que é excelente de forma duradoura até que tenha perdurado. Estado por aí há um bocado de tempo. Cinco ou seis décadas, para começar.

É claro que a excelência do impacto imediato e real de uma arte que encarna o momento é um ótimo tipo de excelência. Tal romance fala a você *agora*, neste momento. Diz a você o que está acontecendo quando você precisa saber o que está acontecendo. Fala para a sua faixa etária ou grupo social pelo qual ninguém mais pode falar, ou encarna qualquer angústia contemporânea, ou mostra uma luz no fim do túnel do momento.

Acho que todos os livros duradouros e excelentes começaram, de fato, como imediatamente excelentes, quer tenham sido notados na época ou não. Sua qualidade especial é durar mais do que o momento e levar o imediatismo, o impacto e o significado não reduzido ou mesmo aumentado com o tempo a idades e pessoas inteiramente diferentes daquelas para as quais o romancista escreveu.

O grande romance americano... *Moby Dick*? Não muito falado quando de sua publicação, mas canonizado no século 20; sem dúvida, um grande romance americano. E os grandes romancistas (canônicos) americanos... Hawthorne, James, Twain, Faulkner etc. etc. Mas dois livros continuam ficando fora dessas listas, dois romances que para mim são genuína, imediata e permanentemente excelentes. Chame-os de grandes, caso você goste da palavra. Decerto são americanos até o osso.

Não vou falar sobre *A cabana do Pai Tomás*, por mais que eu goste dele e o admire, porque quero falar sobre o outro.

Se alguém se aproximasse de mim em um beco escuro com uma faca afiada e dissesse: "Escolha o grande romance americano ou morra!", eu ofegaria, estridente, "*As Vinhas da Ira*!".

Eu não teria feito isso há um ano.

Eu o li pela primeira vez quando tinha 15 ou 16 anos. O livro estava total e absolutamente além da pequena garota da Berkeley High School (talvez "fora do seu radar" seja melhor, mas não sabíamos muito sobre radares em 1945, a menos que estivéssemos na Marinha). Gostei do capítulo com a tartaruga, no início. O final, a cena com Rose de Sharon e o homem faminto, me fascinou, assustou e enfeitiçou de tal forma que não pude nem esquecer nem pensar sobre aquilo.

Tudo no livro estava fora da minha experiência. Eu não conhecia aquelas pessoas, elas não faziam coisas que as pessoas que eu conhecia faziam. Que eu estivesse frequentando a Berkeley High School com os filhos dos Joad simplesmente não me ocorreu. Eu era socialmente inconsciente, como só uma criança branca de classe média em uma cidade branca de classe média pode ser.

Eu estava vagamente a par das mudanças. Nos anos 1940, os estaleiros e outros empregos de guerra trouxeram muitas pessoas do Sul e do sul do Meio-Oeste para Berkeley. O que mais notei foi que, sem nenhuma discussão ou aviso que eu tivesse percebido, o refeitório da escola secundária havia se tornado segregado: crianças brancas deste lado, crianças negras do outro.

Então, tudo bem, assim que era agora. Quando meu irmão Karl, três anos mais velho que eu, estudou lá, o presidente do corpo estudantil havia sido um garoto negro – um garoto de Berkeley. Aquele pequeno reino artificial e pacífico havia desaparecido para sempre. Mas eu podia continuar vivendo nele. No lado branco do refeitório.

Eu vivia nele com minha melhor amiga, Jean Ainsworth. A mãe de Jean, Beth, era irmã de John Steinbeck. Viúva com três filhos, Beth trabalhava para a Shell e alugava quartos em sua casa, que ficava mais no alto das Berkeley Hills que a nossa, bem acima da avenida Euclid, com uma enorme vista para a baía. O reino pacífico.

Conheci um pouco o tio John quando estava na faculdade no Leste e Jean estava trabalhando em Nova York, onde ele então vivia. Ele gostava de sua bela sobrinha ruiva, embora eu não saiba se chegou a dar-se conta de que ela era igual a ele em termos de inteligência e coração.

Uma vez, sentei escondida com ele e Jean sob um enorme arbusto em um enorme casamento em Cleveland, Ohio, e bebi champanhe. Jean ou eu coletávamos uma nova garrafa de vez em quando. Fora ideia do tio John.

Naquele casamento eu tinha ouvido pela primeira vez, dita com toda a seriedade, uma frase agora clássica. As pessoas falavam de Jackie Robinson, e um homem disse, de maneira pesada, ameaçadora: "Se continuar assim, eles vão se mudar para a casa ao lado".

Foi depois disso que nos escondemos debaixo do arbusto com o champanhe. "Precisamos nos afastar das pessoas chatas e beber em paz", disse o tio John.

Ele fez um pouco demais de ambas essas coisas, talvez, em sua vida posterior. Adorava viver no luxo. Jamais voltou à vida austera de quando trabalhava em *As Vinhas da Ira*, e quem pode culpá-lo, com a fama e o dinheiro derramando-se sobre ele? Talvez alguns livros que pudesse ter escrito não tenham sido escritos e alguns que escreveu poderiam ter sido melhores.

Respeito-o por nunca ter cedido inteiramente a Stanford, mesmo que continuasse a voltar e a permitir que pessoas como Wallace Stegner lhe dissessem o que o grande romance americano deveria ser. Ele poderia contestar facilmente qualquer uma delas, mas elas podem tê-lo ajudado a aprender seu ofício, ou pelo menos lhe mostrado como agir como se tivesse o tipo de confiança literária que a vida em uma fazenda em Salinas não proporcionou. Apesar de ter proporcionado muitas outras coisas.

De toda forma, quando Jean e eu ainda estávamos no colegial, em 1945 ou por aí, eu li o famoso romance de seu famoso tio e fiquei chocada, entediada, assustada e sem entender.

E, então, sessenta e poucos anos depois, pensei: "Ei, eu realmente deveria reler alguns Steinbeck e ver o que acho deles". Então fui à livraria Powell's e comprei *As Vinhas da Ira*.

Quando cheguei perto do final do livro, parei de ler. Não conseguia continuar. Lembrava o suficiente daquele final. E, dessa vez, identificava-me com todas as pessoas, estava perdida nelas, tinha vivido dia e noite com Tom e Mãe e Rosa de Sharon, através da grande jornada, das grandes esperanças, das breves alegrias e do sofrimento sem fim. Eu os amava e não conseguia suportar o pensamento do que estava por vir. Eu não queria ir adiante com aquilo. Fechei o livro e fugi.

No dia seguinte, peguei e terminei, em lágrimas o tempo todo.

Não costumo chorar mais quando leio, apenas poesia, aquela breve torrente quando os cabelos se atiçam, o coração incha, os olhos se enchem. Não consigo me lembrar de quando um romance partiu meu coração do modo como a música é capaz, como uma peça trágica é capaz, como esse livro foi capaz.

Não estou dizendo que um livro que faz você chorar é um grande livro. Seria um critério maravilhoso caso funcionasse, mas admite, infelizmente, um sentimentalismo efetivo, o reflexo muscular provocado por um estímulo. Por exemplo, muitos de nós choramos ao ler sobre a morte de um animal em uma história – o que em si mesmo é interessante e significativo, como se nos déssemos permissão para chorar as lágrimas menores –, mas aquilo é outra coisa e menos.

Um livro que me faz chorar do modo como a música ou a tragédia são capazes – lágrimas profundas, lágrimas que vêm de aceitar como meu o pesar que há no mundo – deve ter algo de grandioso a respeito de si.

Portanto, agora, se alguém me perguntasse que livro lhes diria mais sobre o que é bom e o que é ruim nos Estados Unidos, qual é o livro mais verdadeiramente norte-americano, qual é o grande romance americano... um ano atrás eu teria dito – mesmo com todas as suas falhas – *Huckleberry Finn*. Mas agora – mesmo com todas as suas falhas –, diria *As Vinhas da Ira*.

Eu vi o filme *As Vinhas da Ira*, e, sim, é um bom filme, fiel aos elementos do livro com os quais pôde lidar, e, sim, Henry Fonda estava bem.

Mas um filme é algo que se vê; um romance é algo feito de linguagem. E o que é belo e potente nesse romance é sua LINGUAGEM, a arte que não só nos mostra o que o autor viu, mas permite-nos compartilhar, tão diretamente quanto a emoção pode ser compartilhada, sua dor apaixonada, sua indignação e seu amor.

OGRA novamente

Novembro de 2013

Uma pergunta do *New Bookends*, "Onde está a grande romance americano escrito por uma mulher?", obteve uma resposta interessante do romancista paquistanês Mohsin Hamid.[1]

[...] sejam pacientes comigo enquanto defendo a morte do grande romance americano.
O problema está na própria expressão. "Grande" e "romance" são bons o suficiente. Mas "o" é desnecessariamente excludente e "americano" é desafortunadamente provinciano. O todo, em letras maiúsculas, parece falar de uma profunda e persistente insegurança, talvez um legado colonial. Como seria bizarro chamar a Ilíada, de Homero, ou o Masnavi, de Rumi, de "o grande poema do Mediterrâneo Oriental".

Gosto muito disso.

---

1 Citações extraídas da coluna "Bookends" de Mohsin Hamid, publicada no *New York Times Book Review* em 15 de outubro de 2013.

Mas há algo de dissimulado e coercitivo em relação à própria pergunta que me fez querer disparar na praça de touros, cabeça baixa e chifres para a frente.² Eu responderia com uma pergunta: Onde está o grande romance americano de qualquer um? E responderia: Quem se importa?

Acho que isso é mais ou menos o que o senhor Hamid diz de modo mais educado, quando afirma que a arte

> é maior do que noções de negro ou branco, masculino ou feminino, americano ou não. Os seres humanos não existem necessariamente dentro das (ou correspondem a) caixas raciais, de gênero ou nacionais bem delineadas em que muitas vezes os colocamos impensadamente. É um erro pedir à literatura para reforçar tais estruturas. A literatura tende a rachá-las. A literatura é onde nos libertamos.

Três vivas e um amém a isso.

Mas quero acrescentar esta nota: para mim, a palavra-chave da expressão "o grande romance americano" não é a palavra americano, mas a palavra *grande*.

Grandeza, no sentido de realização excepcional ou única, é uma palavra criptogenerificada. No uso corriqueiro e no entendimento comum da língua inglesa, "um grande americano" [*a great American*] significa um grande homem americano, "um grande escritor" [*a great writer*] significa um grande escritor masculino. Para regenerificar a palavra, ela deve ser mo-

---

2 Nos anos 1920, em uma grande *hacienda* peruana com uma praça de touros particular, meus pais assistiram a toureiros em formação enfrentando vacas. O ritual completo era realizado, exceto que o ferimento no animal era evitado e não terminava em morte. Era o melhor treinamento, meus pais foram informados: após *las vacas bravas*, touros eram fáceis. Um touro com raiva dirige-se à bandeira vermelha; uma vaca com raiva, ao toureiro.

dificada por um substantivo feminino ("uma grande mulher americana" [*a great American woman*], "uma grande escritora mulher" [*a great woman writer*"]). Para desgenerificá-lo, ele deve ser usado em uma locução como "grandes americanos e americanas/escritores e escritoras..." A grandeza no abstrato, em geral, ainda é pensada como a província dos homens.

O escritor que se propõe a escrever o grande romance americano deve se ver como um cidadão livre dessa província, competindo em pé de igualdade com outros escritores, vivos e mortos, por um prêmio cintilante, uma honra única. Sua carreira é uma competição, uma batalha, tendo a vitória sobre outros homens como objetivo. (É improvável que ele pense muito nas mulheres como concorrentes.) Somente sob esse ponto de vista do escritor como um homem totalmente privilegiado, um guerreiro, a literatura como um torneio, a grandeza como a derrota dos outros, pode existir a ideia d'"o" grande romance americano.

Isso é bastante para engolir, hoje em dia, para a maioria dos escritores com mais de 14 anos. Aposto que a noção toda de "o grande romance americano" não é uma ideia tão comum e significativa entre autores quanto entre leitores, fãs, o pessoal de relações públicas, resenhistas, aqueles que não leem, mas conhecem autores pelo nome como celebridades e pessoas que precisam de algo a respeito sobre o que blogar.

Agora, talvez isso me faça ser repreendida por mulheres que valorizam a competitividade e sentem que o problema com elas é achar que não devem ou não podem competir, mas direi mesmo assim. Faz perfeito sentido para mim que eu jamais tenha ouvido uma escritora dizer que pretendia ou queria escrever o grande romance americano.

Para dizer a verdade, nunca ouvi uma escritora dizer a frase "o grande romance americano" sem uma espécie de bufada.

Sejam quais forem as virtudes da competitividade, as mulheres ainda são profundamente treinadas pela sociedade para serem cautelosas em reivindicar uma grandeza maior do que a grandeza dos homens. Como você sabe, Jim, uma mulher que compete exitosamente com homens em uma área que eles consideram sua por direito corre o risco de ser punida por isso. A literatura é uma área que muitos homens consideram sua por direito. Virginia Woolf foi uma competidora bem-sucedida nessa área. Ela escapou por pouco à primeira e mais eficaz punição – omissão do cânone literário após sua morte. No entanto, oitenta ou noventa anos depois, acusações de esnobismo e invalidez ainda são usadas para desacreditá-la e diminuí-la. As limitações de Marcel Proust e seu neuroticismo eram pelo menos tão notáveis quanto os dela. No entanto, que Proust precisasse não apenas de um teto todo seu, mas de um forrado de cortiça, é tomado como prova de que ele era um gênio. Que Woolf ouvisse os pássaros cantando em grego só mostrava que ela era uma mulher doente.

Portanto, enquanto os homens precisarem "ser refletidos com o dobro de seu tamanho natural", uma escritora sabe que a competição franca com eles é perigosa. Mesmo que ela queira escrever o ou um grande romance americano, é improvável que anuncie (como fazem os escritores homens de tempos em tempos) que planeja fazê-lo ou o tenha feito. E se ela acha que merece um Pulitzer, um Booker ou um Nobel, ou de qualquer forma não se importaria de ter um, ela sabe que a maioria dos prêmios literários pesa tanto a favor dos homens que os esforços sociais envolvidos na maioria dos prêmios principais, o cultivo de rede de contatos e a cuidadosa autoapresentação são uma despesa grande demais para um retorno improvável.

Mas evitar riscos não é tudo que está em jogo. Como a competição pelo primado, pela supremacia literária, não parece tão glamorosamente possível para as mulheres quanto para os homens, toda a ideia de grandeza singular – de haver um grande qualquer coisa – pode não ter a mesma influência sobre a imaginação de uma mulher que tem sobre a de um homem. Os cavaleiros nas listas têm de acreditar que o prêmio pode ser ganho e que vale a pena ganhá-lo. Aqueles relegados aos duelos preliminares e às ligas secundárias conseguem ver mais claramente quão arbitrário é o julgamento do campeonato e podem questionar o valor do prêmio cintilante.

Quem quer "o" grande romance americano, em todo caso? O pessoal de marketing. Gente que acredita que best-sellers são melhores que outros livros porque vendem mais que outros livros e que o livro premiado é o melhor livro porque ganhou o prêmio. Professores cansados, professores tímidos, alunos preguiçosos que gostariam de ter um texto para ler em vez dos muitos, muitos livros grandes e tremendamente complexos que compõem a literatura.

A arte não é uma corrida de cavalos. A literatura não é uma olimpíada. Para o inferno com o grande romance americano. Temos todos os grandes romances de que precisamos neste momento – e agora mesmo algum homem ou alguma mulher está escrevendo um novo que não saberemos de que precisávamos até o lermos.

O dom narrativo como enigma moral

Maio de 2012

O dom narrativo, é assim que se deve chamá-lo? O jeito de contar a história, como desenvolvido na escrita.

A narrativa é claramente um dom, um talento, uma habilidade específica. Algumas pessoas apenas não têm isso – elas são apressadas ou monótonas, misturam a ordem dos eventos, pulam o essencial, permanecem no inessencial e depois abafam o clímax. Não temos todos um parente a quem suplicamos que não conte uma piada nem uma breve história familiar porque a história vai ser chata e a piada, um fracasso? Mas também podemos ter um parente capaz de pegar o evento mais estúpido, insignificante, pequeno e fazer com que se torne o que os redatores chamam de um thriller de deixar os nervos à flor da pele e uma comédia para se acabar de rir. Ou, como diz a prima Verne, "Aquela prima Myra, ela realmente sabe contar uma história".

Quando a prima Myra entra na literatura, é uma força que não pode ser ignorada.

Mas quão importante é esse jeito para escrever ficção? Quanto dele ou que tipo dele é essencial para a excelência?

E qual é a conexão do dom narrativo com a qualidade literária?

Estou falando de história, não de trama. E. M. Forster tinha uma má opinião sobre a história. Ele dizia que a história é "A rainha morreu e depois o rei morreu", enquanto a trama é "A rainha morreu e depois o rei morreu de tristeza". Para ele, a história é apenas "isso aconteceu e depois isso aconteceu e depois isso aconteceu", uma sucessão sem conexão; a trama introduz conexão ou causalidade, logo figura e forma. A trama dá sentido à história. Honro E. M. Forster, mas não acredito nisso. As crianças muitas vezes contam "isso aconteceu e depois isso aconteceu", assim como as pessoas ingenuamente recontam seu sonho ou um filme, mas na literatura, a história no sentido de Forster não existe. Nem mesmo o mais bobo folhetim de "ação" é uma mera sucessão de eventos desconectados.

Tenho a história em alta conta. Vejo-a como a essência da trajetória da narrativa: um movimento coerente, em frente, levando o leitor daqui para lá. A trama, para mim, é uma variação ou complicação do movimento da história.

A história anda. A trama elabora o movimento.

A trama hesita, pausa, volta atrás (Proust), prevê, salta, dobra ou triplica trajetórias simultâneas (Dickens), diagrama uma geometria na linha da história (Hardy), faz com que a história que o fio de Ariadne conduz seja um labirinto (mistérios), transforma a história em uma teia de aranha, uma valsa, uma vasta estrutura sinfônica no tempo (o romance em geral)...

Supõe-se que haja apenas um certo número de tramas (três, cinco, dez) em toda a ficção. Também não acredito nisso. A trama é multíplice, inesgotavelmente engenhosa, infindável em conexões, causalidades e complicações. Mas por entre todas as voltas, reviravoltas e falsas pistas, a trajetória da história está lá, indo adiante. Se não está indo para a frente, a ficção naufraga.

Suponho que a trama sem história seja possível – talvez um daqueles thrillers incrivelmente complexos de espionagem cerebral em que você precisa de um GPS para atravessar o livro todo. E a história sem enredo ocorre ocasionalmente em ficção literária (talvez *A marca na parede*, de Woolf) – mais frequentemente em literatura de não ficção. Uma biografia, por exemplo, não pode mesmo ter uma trama, a menos que o sujeito obsequiosamente tenha fornecido uma ao viver. Mas os grandes biógrafos fazem você sentir que a história da vida que eles contaram tem uma completude estética igual à da ficção tramada. Os biógrafos e escritores de memórias de menor porte muitas vezes inventam uma trama para forçá-la em sua história factual – eles não confiam que ela funcione por si só, portanto a tornam não confiável.

Acredito que uma boa história, tramada ou sem trama, bem contada, é satisfatória como tal e em si mesma. Mas aqui, com "bem contada", está o meu enigma ou mistério. A escrita inepta enfraquece ou mutila uma boa narrativa somente se for de fato inepta. Uma história irresistivelmente legível pode ser contada na prosa mais convencional e banal se o escritor tiver o dom.

Li um livro no inverno passado que faz um trabalho narrativo absolutamente tremendo, um livro a ser devorado a partir da primeira página. A escrita é competente, na melhor das hipóteses, elevando-se acima da banalidade somente em partes do diálogo (o ouvido da autora para o dialeto da classe trabalhadora local é perfeito). Vários personagens são retratados de forma vívida ou simpática, mas todos são estereótipos. A trama tem grandes buracos, embora apenas um deles realmente prejudique a credibilidade. O argumento: uma ambiciosa garota branca de 20 e poucos anos convence um grupo de empregadas domésticas negras em Jackson, Mississippi, em 1964, a contar-lhe suas experiências com seus empregadores brancos passados e presentes, a fim de que ela possa fazer um livro de suas histórias e compartilhá-las com o mundo ao vendê-lo para a Harper e Row, ir para Nova York e ser rica e famosa. Elas aceitam e ela escreve. E, exceto por algumas mulheres brancas más e arrogantes levando uma ovada no rosto, ninguém sofre por causa disso.

Tudo o que Arquimedes queria era um lugar sólido para colocar a alavanca com a qual ele moveria o mundo. É o mesmo com a trajetória de uma história. Não se pode arremessar longe caso se esteja em cima de uma prancha trêmula de 5 centímetros de largura sobre um rio profundo e escuro. Você precisa de uma base sólida.

Precisa?

Tudo o que essa autora tinha para ficar em pé era uma noção piegas e sentimental, e foi daí que ela lançou esse arremesso perfeito!

Raramente vi, se é que já vi antes, o poder da história pura sobre a mente, a emoção e a integridade artística tão claramente demonstrado.

E tive que pensar sobre isso, porque alguns meses antes havia lido um livro que demonstra brilhantemente um dom narrativo a serviço do pensamento claro, do sentimento honesto e da integridade apaixonada. Ele conta uma história extremamente complicada que se estende por muitas décadas e envolve muitas pessoas, desde geneticistas clonando células em laboratórios de confinamento até famílias em barracos das comunidades negras de agricultores. A história explica conceitos e argumentos científicos com grande clareza, sem jamais, por sequer um momento, perder seu ímpeto. Ela trata os seres humanos que envolve com compaixão humana e um foco ético constante e luminoso. A prosa é de excelência discreta. E se você conseguir parar de lê-lo, é um homem melhor do que eu, Gunga Din. Não consegui parar nem mesmo quando cheguei às notas – nem quando cheguei ao índice. Mais! Vá em frente! Oh, por favor, diga-me mais!

Vejo uma enorme diferença na qualidade literária desses dois livros extremamente agradáveis, o que decerto tem a ver com qualidades específicas de caráter – entre elas, paciência, honestidade e aceitação de risco.

Kathryn Stockett, a mulher branca que escreveu *A resposta*, fala de uma garota branca persuadindo mulheres negras a contar-lhe detalhes íntimos das injustiças e dificuldades de suas vidas como serviçais – um empreendimento altamente implausível no Mississippi em 1964. Quando os empregadores brancos começam a suspeitar dessas conversas, apenas um truque igualmente implausível na trama permite que as domésticas negras continuem nos empregos. A única motivação delas é saber que suas histórias serão impressas; o risco mortal que correriam ao dar tal testemunho naquele lugar e naquele ano não é seriamente imaginado, mas apenas explorado para criar suspense. A motivação da Garota Branca é uma espécie de ambição de alto nível. Todos os seus riscos tornam-se recompensas – ela perde amigos malévolos e um namorado preconceituoso e deixa o Mississippi para trás em troca de uma brilhante carreira na cidade grande. A simpatia da autora pelas mulheres negras e o conhecimento do cotidiano delas são evidentes, mas, para mim, tornaram-se questionáveis porque ela supõe ter o direito de falar pelas pessoas sem conquistar esse direito, então foram assassinados pela improbabilidade da realização do desejo de sua história.

Rebecca Skloot, a mulher branca que escreveu *A vida imortal de Henrietta Lacks*, passou anos pesquisando uma teia muito complexa de pesquisas científicas, roubos, descobertas, erros, dissimulações, encobrimentos, explorações e reparações enquanto, ao mesmo tempo, tentava, com incrível paciência e boa vontade, ganhar a confiança das pessoas mais diretamente afetadas pela única vida humana com a qual toda essa pesquisa e lucro começaram – a família de Henrietta Lacks. Eram pessoas que tinham boas razões para sentir que seriam colocadas em perigo ou traídas caso confiassem em qualquer pessoa branca. Levou literalmente anos para que ela conquistasse a confiança deles. Evidentemente, mostrou a eles que a merecia por sua disposição paciente em ouvir e aprender, sua rigorosa honestidade e a consciência compassiva de quem e o que esteve e está verdadeiramente em risco.

"É claro que a história dela é superior", diz o sr. Gradgrind.*
"É não ficção – é verdade. A ficção é mero embuste."

Mas, ah, sr. Gradgrind, tanta não ficção é um embuste horrível! Como minha mãe era má e cruel comigo antes de eu encontrar a felicidade ao comprar um castelo maravilhoso em Nodonde e transformá-lo em uma exclusiva pousada gourmet, enquanto levava oportunidades modernas de educação para as crianças do vilarejo...

---

* Thomas Gradgrind é um personagem de *Tempos difíceis*, de Charles Dickens. Gradgrind, em inglês, é usado para nomear alguém que só se importa com os fatos frios. [N. de T.]

E, ao contrário, podemos aprender muita verdade ao ler romances, como aquele em que o senhor aparece, sr. Gradgrind.

Não, não é aí que reside o problema. O problema – o meu problema – é com o dom da narrativa.

Se um dos dois livros de que venho falando é um pouco sujo no fundo e o outro é puro ouro, como foi que não consegui parar de ler nenhum deles?

Não tem que ser do jeito que é

Junho de 2011

O teste da terra das fadas [é que] não se pode imaginar dois mais um não somando três, mas pode-se facilmente imaginar árvores que não produzem frutos; pode-se imaginá-las produzindo candelabros dourados ou tigres pendurados pela cauda.

A citação, de G. K. Chesterton, é de um interessante artigo escrito por Bernard Manzo no *Times Literary Supplement*, em 10 de junho de 2011 (ele não mencionou a fonte dos escritos de Chesterton). Levou-me a pensar sobre como a literatura imaginativa, do conto popular à fantasia, funciona, e a me perguntar sobre sua relação com a ciência, embora eu só chegue a essa questão no final deste texto.

O conto fantástico pode suspender as leis da física (tapetes voam; gatos desvanecem em invisibilidade, deixando apenas um sorriso) e da probabilidade (o mais novo de três irmãos sempre ganha a noiva; a criança na caixa lançada sobre as águas sobrevive ilesa), contudo não leva sua revolta contra a realidade para além daí. A ordem matemática é inquestionável.

Dois mais um somam três, no castelo de Koschei e no País das Maravilhas de Alice (especialmente no País das Maravilhas). A geometria de Euclides – ou possivelmente a de Riemann, a geometria de alguém, de qualquer forma – rege a configuração. Caso contrário, a incoerência invadiria e paralisaria a narrativa.

Aí jaz a principal diferença entre as imaginações infantis e a literatura imaginativa. A criança "contando uma história" deambula entre o imaginário e o "meio-compreendido" sem saber a diferença, contente com o som da linguagem e o puro jogo da fantasia sem um objetivo em particular, e esse é o charme da coisa. Mas as fantasias, sejam elas contos populares, seja literatura sofisticada, são histórias na concepção adulta, que exige sentido. Elas podem ignorar certas leis da física, mas não da causalidade. Elas começam *aqui* e vão até *lá* (ou de volta *aqui*), e embora o modo de viajar possa ser incomum, e *aqui* e *lá* possam ser lugares selvagemente exóticos e pouco familiares, ainda assim devem ter tanto uma localização no mapa daquele mundo como uma relação com o mapa do nosso mundo. Caso contrário, o ouvinte ou leitor do conto será colocado à deriva num mar de inconsistências inconsequentes ou, pior ainda, será deixado para se afogar na poça rasa do pensamento ilusório do autor.

Não tem que ser do jeito que é. Isso é o que diz a fantasia. Não que "vale tudo" – isso é irresponsabilidade, quando dois mais um somam cinco, ou 47, ou não importa, e a história não "se encaixa", como dizemos. A fantasia não diz: "Nada é" – isso é niilismo. E não diz, "deveria ser *desse* jeito" – isso é utopianismo, um projeto diferente. A fantasia não é melhorativa. O final feliz, por mais aprazível que seja para o leitor, aplica-se apenas aos personagens; trata-se de ficção, não de predição ou prescrição.

Não tem que ser do jeito que é é uma declaração lúdica, feita no contexto da ficção, sem pretensão de "ser real". No entanto, é uma declaração subversiva.

A subversão não convém a pessoas que, sentindo-se bem-ajustadas à vida, querem que as coisas continuem como estão, ou a pessoas que precisam do apoio da autoridade assegurando-lhes de que as coisas são como têm de ser. A fantasia não apenas pergunta "E se as coisas não seguissem assim como são?", mas demonstra como poderiam ser se seguissem de outra forma – roendo dessa forma o próprio fundamento da crença de que as coisas têm que ser do jeito que são.

Portanto, aqui a imaginação e o fundamentalismo entram em conflito.

Um mundo imaginário inteiramente criado é uma construção mental similar em muitos aspectos a uma cosmologia religiosa ou de outro tipo. Essa similaridade, se notada, pode ser profundamente perturbadora para a mente ortodoxa.

Quando uma crença fundamental é ameaçada, é provável que a resposta seja irada ou desdenhosa – "Aberração!" ou "Absurdo!". A fantasia recebe o tratamento de aberração por parte dos fundamentalistas religiosos, cujos rígidos construtos de realidade estremecem em contato com a pergunta, e o tratamento de absurdo por parte dos fundamentalistas pragmáticos, que querem restringir a realidade ao imediatamente perceptível e ao imediatamente lucrativo. Todos os fundamentalismos estabelecem limites estritos aos usos da imaginação, fora dos quais a própria imaginação do fundamentalista corre solta, fantasiando desertos medonhos nos quais Deus, a Razão e o modo de vida capitalista estão perdidos, florestas noturnas onde tigres pendem de árvores pela cauda, iluminando o caminho para a insanidade com seu brilho em brasa.

Aqueles que descartam a fantasia de forma menos feroz, de uma postura menos absolutista, geralmente a chamam de sonho ou escapismo.

Sonho e literatura fantástica estão relacionados apenas em um nível muito profundo, geralmente inacessível àquele da mente. O sonho é livre de controle intelectual; suas narrativas são irracionais e instáveis e seu valor estético é, na maioria dos casos, acidental. A literatura fantástica, como todas as artes verbais, deve satisfazer tanto a faculdade intelectual quanto a estética. A fantasia, por mais estranho que soe dizê-lo, é um empreendimento perfeitamente racional.

Quanto à acusação de escapismo, o que significa escapar? Escapar da vida real, da responsabilidade, da ordem, do dever, da piedade, é isso que a acusação implica. Mas ninguém, exceto o mais criminosamente irresponsável ou lamentavelmente incompetente, foge para a prisão. A direção da fuga é a liberdade. Então, escapismo é uma acusação de quê?

"Por que as coisas são como são? Devem ser como são? Como poderiam ser se não fossem de outro modo?" Fazer essas perguntas é admitir a contingência da realidade, ou, pelo menos, reconhecer que nossa percepção da realidade pode ser incompleta; e nossa interpretação dela, arbitrária ou equivocada.

Sei que para os filósofos o que estou dizendo é de uma ingenuidade pueril, mas minha mente não pode ou não vai seguir um argumento filosófico, portanto devo permanecer ingênua. Para uma mente comum não treinada em filosofia, a questão – as coisas têm de ser do jeito que são como são aqui e agora/ como me disseram que são? – pode ser importante. Abrir uma porta que tenha sido mantida fechada é um ato importante.

Aqueles que mantêm e defendem um *status quo*, seja ele político, seja social, econômico, religioso ou literário, podem conspurcar, demonizar ou desprezar a literatura imaginativa, porque ela é – mais do que qualquer outro tipo de escrita – subversiva por *natureza*. Ela provou, ao longo de muitos séculos, ser um instrumento útil de resistência à opressão.

No entanto, como Chesterton apontou, a fantasia cessa antes da violência niilista, da destruição de todas as leis e da queima de todas as embarcações. (Como Tolkien, Chesterton foi um escritor imaginativo e um católico praticante e, talvez por isso, particularmente consciente de tensões e limites). Dois e um fazem três. Dois dos irmãos fracassam na busca, o terceiro a leva adiante. A ação é recebida pela reação. O destino, a sorte e a necessidade são tão inexoráveis na Terra Média como em Colono ou na Dakota do Sul. O conto de fantasia começa aqui e termina lá (ou de volta aqui), onde as sutis e inelutáveis obrigações e responsabilidades da arte narrativa o assumiram. Na base, as coisas são como têm de ser. Apenas na parte acima da base é que nada tem de ser do jeito que é.

Não há realmente nada a temer na fantasia, a menos que se tenha medo da liberdade da incerteza. É por isso que para mim é difícil imaginar que qualquer um que goste de ciência possa desgostar de fantasia. Ambas baseiam-se muito profundamente na admissão da incerteza, na aceitação acolhedora de perguntas não respondidas. É claro que o cientista procura perguntar como as coisas são do jeito que são, em vez de imaginar como poderiam ser de outra forma. Mas as duas operações são opostas ou relacionadas? Não podemos questionar a realidade diretamente apenas questionando nossas convenções, nossa crença, nossa ortodoxia, nossa construção da realidade. Tudo o que Galileu disse, tudo o que Darwin disse foi: "Não tem que ser do jeito que pensávamos que era."

Utopyin, Utopyang

Abril de 2015

Eis alguns pensamentos sobre utopia e distopia.

Os velhos e brutos Bons Lugares eram visões compensatórias de controle daquilo que não se podia controlar e de ter o que não se tinha aqui e agora – um paraíso ordeiro e pacífico; um paraíso de horas; torta no céu. O caminho até eles era claro, mas drástico. Você morria.

Utopia, o construto secular e intelectual de Thomas More, era ainda uma expressão de desejo por algo que faltava aqui e agora – o controle humano racional da vida humana –, mas o Bom Lugar de More era explicitamente Nenhum Lugar. Tão somente na cabeça. Um projeto sem um campo de obras.

Desde então, a utopia situa-se não na pós-vida, mas apenas um pouco fora do mapa, do outro lado do oceano, além das montanhas, no futuro, em outro planeta, um outro lugar habitável, mas inatingível.

Cada utopia desde *Utopia* também tem sido, de modo claro ou obscuro, real ou possível, segundo o juízo do autor ou dos leitores, tanto um lugar bom quanto um ruim. Cada eutopia contém uma distopia, cada distopia contém uma eutopia.

No símbolo yang-yin, cada metade contém dentro de si uma porção da outra, significando a sua completa interdependência e contínua permutabilidade. A figura é estática, mas cada metade contém a semente da transformação. O símbolo representa não uma estase, mas um processo.

Pode ser útil pensar na utopia nos termos desse longevo símbolo chinês, particularmente caso se esteja disposto a renunciar à habitual presunção masculinista de que yang é superior a yin, e em vez disso considerar a interdependência e a permutabilidade dos dois como a característica essencial do símbolo.

Yang é macho, brilhante, seco, duro, ativo, penetrante. Yin é fêmea, obscura, úmida, fácil, receptiva, inclusiva. Yang é controle; yin, aceitação. São poderes grandes e iguais; nenhum pode existir só, e cada um está sempre em processo de tornar-se o outro.

Tanto a utopia como a distopia são muitas vezes um enclave de controle máximo rodeado por uma natureza selvagem – como no *Erewhon*, de Butler, em "A máquina parou", de E. M. Forster, e em *Nós*, de Iêvgueni Zamiátin. Os bons cidadãos da utopia consideram a natureza selvagem perigosa, hostil, inabitável; para um distópico aventureiro ou rebelde, ela representa mudança e liberdade. Vejo aí exemplos da permutabilidade entre yang e yin: a natureza selvagem misteriosa e obscura cercando um lugar brilhante e seguro, os Lugares Maus – que depois tornam-se o Lugar Bom, o futuro brilhante e aberto cercando uma prisão obscura e fechada... Ou vice-versa.

No último meio século, esse padrão repetiu-se talvez até à exaustão, as variações sobre o tema tornando-se cada vez mais previsíveis ou meramente arbitrárias.

Exceções notáveis ao padrão são *Admirável mundo novo*, de Huxley, uma eudistopia em que a natureza selvagem foi reduzida a um enclave tão completamente dominado pelo intensamente controlado Estado Mundial yang que qualquer esperança de que este ofereça liberdade ou mudança é ilusória; e *1984*, de Orwell, uma pura distopia em que o elemento yin foi totalmente eliminado por yang, aparecendo apenas na obediência receptiva das massas controladas e como ilusões manipuladas de natureza selvagem e liberdade.

Yang, o dominador, busca sempre negar sua dependência de yin. Huxley e Orwell apresentam de forma intransigente o resultado da negação bem-sucedida. Por meio do controle psicológico e político, essas distopias alcançaram uma estase não dinâmica que não permite qualquer mudança. O equilíbrio é imutável: um lado para cima, o outro para baixo. Tudo é yang para sempre.

Onde está a distopia yin? Talvez nas histórias pós-holocausto e na ficção de horror com os seus bandos desordenados de zumbis, as visões cada vez mais populares de ruptura social, perda total do controle – caos e noite antiga?

Yang percebe yin apenas como negativo, inferior, mau, e a yang sempre foi dada a última palavra. Mas não há uma última palavra.

Neste momento, parece que só escrevemos distopias. Talvez, para sermos capazes de escrever uma utopia, tenhamos que pensar de modo yin. Tentei escrever uma em *Always Coming Home*. Fui bem-sucedida?

Será uma utopia yin uma contradição em termos, uma vez que todas as utopias familiares dependem do controle para fazê-las funcionar, e yin não controla? No entanto, é um grande poder. Como funciona?

Posso apenas especular. Meu palpite é que o tipo de pensamento que estamos finalmente começando a praticar, e que diz respeito a mudar os objetivos – do domínio humano e do crescimento ilimitado em direção à adaptabilidade humana e à sobrevivência a longo prazo –, é uma mudança de yang para yin, e assim envolve a aceitação da impermanência e da imperfeição, uma paciência diante da incerteza e do improviso, uma amizade com a água, com a escuridão e com a terra.

Os anais de Pard

A confusão

Janeiro de 2013

Nunca antes tive um gato que me desafiou diretamente. Não procuro muita obediência em um gato; a relação não é baseada em posição ou em uma hierarquia de dominância como com os cães, e os gatos não têm culpa e têm pouquíssima vergonha. Espero que um gato roube comida deixada na bancada da cozinha sabendo perfeitamente bem que levará um tapa caso seja pego. A ganância e possivelmente a alegria do roubo sobrepõem-se ao leve medo. A humana estúpida fui eu ao deixar comida exposta na bancada. Espero que um gato que foi repreendido ou levou um tapa por subir na mesa de jantar suba na mesa de jantar e deixe pequenas pegadas por todo o lado porque ele não vê razão para abster-se de fazê-lo quando não estou no cômodo. Mais tarde, quando descoberta, a prova das pegadas terá prescrito. Para que faça algum sentido a um gato, a retaliação por má conduta deve ser imediata. O gato sabe disso tão bem quanto eu, e é por isso que espero que ele faça algo de errado enquanto eu não estiver na sala e não espero que faça quando estou.

Agir mal diante de meus próprios olhos tensiona nossa relação. Demanda repreensão, tapa, gritos, fuga, perseguição, comoção. É um desafio, um convite deliberado à confusão. E é aí que Pard difere dos muitos e variados gatos que me acompanharam. Todos eles eram como eu: queriam evitar confusão.

Pard quer criá-la.

Não é um gato problemático. A higiene dele é impecável. É gentil. Nunca rouba comida. (Na verdade, é só porque ele não reconhece nada além de ração felina como comida. Posso deixar costeletas de porco na bancada enquanto ele aguarda faminto por seu jantar de um quarto de xícara de ração, e ele sequer se levanta para cheirá-las. Eu poderia colocar um pedaço de bacon em cima da ração e ele comeria a ração e deixaria o bacon. Poderia colocar um filé de linguado em cima dele e ele o sacudiria com desprezo e iria embora.)

Ele me desafia fazendo aquilo que está proibido de fazer. E acho que não há realmente muitas coisas proibidas a ele além de saltar sobre a cornija da lareira e derrubar as bonecas kachina.

Ele não tem permissão para subir na mesa de jantar, mas não há nada a fazer ali além de deixar pegadas. A cornija da lareira, que é de fato um grande salto até mesmo para Pard, é o único lugar de exposição desprotegido deixado na casa para pequenas coisas ornamentais; todas as outras encontraram refúgios seguros inalcançáveis mesmo para gatos transportados pelo ar. Portanto, saltar sobre a cornija se transformou em seu objetivo, seu desafio.

Mas somente se eu estiver na sala.

Ele passa o dia todo na sala sem nunca olhar para a lareira até que eu entre. Um tempo depois que ambos estivermos lá, Pard começa a olhar de relance para a cornija. Seus olhos ficam mais redondos e pretos. Ele vagueia de modo descuidado por sobre um braço de cadeira (permitido) ou uma mesa lateral (permitido) perto da lareira. Fica de pé sobre as patas traseiras para farejar um abajur ou a parte superior da tela de proteção da lareira com muita minúcia e enorme interesse, sempre um pouco mais próximo da cornija. Até que, geralmente quando não estou olhando, mas não exatamente não olhando, ele está suspenso no ar e sobre a cornija, derrubando algo. Então repreensão, gritos, fuga, perseguição etc. Confusão! Missão cumprida.

Recentemente há um elemento a mais: o borrifador de água. Assim que ele olha para a cornija, eu pego o borrifador. Nas primeiras vezes, quando se preparava para pular sobre a cornija e eu borrifei água nele, ficou totalmente surpreso. Sequer associou a borrifada à garrafa. Agora ele associa. Mas isso simplesmente acrescenta um novo sabor, um novo tempero à confusão. Não o mantém longe da cornija.

Cedi há alguns dias e movi todas as pequenas kachinas para um abrigo, deixando apenas as duas grandes e algumas pedras excepcionais. Mas hoje de manhã, enquanto eu fazia a postura do cachorro olhando para baixo e estava de costas, Pard pulou em cima da cornija e derrubou o pedaço de turquesa tibetana, tirando dela uma lasca quando bateu na lareira.

A confusão que se seguiu foi bastante intensa, embora eu nunca conseguisse chegar nem perto o suficiente para dar-lhe um tapa. Ele sabia que eu estava irada. Desde então, vem agindo com uma educação imensa e com inclinação a atirar-se no chão e agitar as patas de uma maneira inocentemente cativante. Seguirá esse caminho até que todos estejamos na sala de estar hoje à noite e a necessidade da confusão surja de novo nele.

Este pequeno gato tão profundamente moldado pela expectativa humana, o gato mais domesticado que já tive, tem uma chama de absoluta e voluntariosa selvageria.

Tenho certeza de que parte dela é o fator tédio – um gato jovem com pessoas idosas, um gato que vive apenas dentro de casa... mas Pard não tem que ser um gato de dentro de casa. Ele opta por isso.

    A portinhola para gatos é aberta para ele enquanto há luz do dia, por sua solicitação ou nossa sugestão. Às vezes ele sai para o deque, olha para o interior do jardim, observa pássaros por alguns minutos e volta. Ou talvez saia, dê meia--volta e retorne. Ou diga "Ah, não, obrigado, é muito grande lá fora e bastante frio nesta época do ano, então acho que vou ficar aqui na metade da portinhola por um tempo e depois voltar para dentro". O que ele não faz é ficar lá fora. Quando o tempo esquenta e estamos lá fora também, ele fica, mas sem entusiasmo. Sai, desce, come um pouco do tipo de grama que o faz vomitar, volta para dentro de casa e vomita no tapete. Isso não é criar-confusão, é só ser-gato.

    Não há moral nesta história e nenhuma conclusão. Desejem-me sorte com o borrifador de água.

Pard e a máquina do tempo

Maio de 2014

As pessoas que pensam em mim como uma *escritora de ficção científica* não ficarão surpresas ao saber que há uma máquina do tempo em meu escritório. Até agora, ela não me transportou para entre os Eloi e os Morlock ou de volta para entre os dinossauros. Por mim, tudo bem. Vou ficar com o tempo que me pertence, obrigada. Tudo o que minha máquina do tempo faz é salvar coisas do meu computador e proporcionar interesse e ocupação ao meu gato.

No primeiro ano de Pard conosco, ele passou muito tempo com besouros porque tínhamos muitos deles. O besouro *Boisea trivittata* agora é endêmico em Portland, tendo mudado sua lealdade dos bordos *Acer negundo*, que não temos, para os *Acer macrophyllum*, que temos aos montes. E assim temos besouros que vivem sob as tábuas laterais da casa e procriam, enxameiam, rastejam e se infiltram de forma impossível através de fendas inexistentes nas molduras das janelas para dentro da casa, onde se amontoam em janelas iluminadas pelo sol e cambaleiam exasperantemente, entrando debaixo de travesseiros, papéis, pés e em tudo, inclusive nas xícaras de chá e nas orelhas de Charles. Na maioria das vezes, eles rastejam, mas voam quando alarmados. São besouros bem pequeninos e inofensivos, mas intoleráveis, porque (como nós) há muitos deles para o seu próprio bem.

Pard costumava vê-los como ração animada e gostava da perseguição, do ataque, da crocância. Mas evidentemente eles não eram tão saborosos quanto Meow Mix ou Dental Greenies, e, de qualquer forma, os besouros passaram dos limites. Agora ele os ignora com a mesma firmeza que nós, ou tenta ignorá-los.

Mas naquela época, quando a máquina do tempo fazia seus pequenos barulhos internos zum-clique-zum-tipo-inseto, ele tinha certeza de que ela continha ou ocultava besouros e passava uma boa parte do tempo tentando entrar ali. É um quadrado com cerca de 20 centímetros de cada lado e 4 centímetros de altura, é de plástico branco, felizmente plástico branco muito resistente, bem selada em todos os lados, e pesa bastante para seu tamanho. Todos os esforços de Pard mal arranharam a superfície. Como ela continuou a resistir a ele e seu interesse por besouros diminuiu, ele parou de tentar abrir a máquina do tempo. Descobriu que ela oferecia outras possibilidades.

A temperatura normal dela é alta, bastante quente para a mão (e eu acho que esquenta quando realiza suas secretas e misteriosas operações de conexão na virtualidade putativa, nas nuvens do desconhecido ou onde quer que salve coisas).

Meu escritório, sendo metade de janelas, é ventilado e às vezes bastante frio no inverno. À medida que saiu da juventude alada e começou a passar mais tempo deitado perto de mim no escritório, Pard, sendo um gato, encontrou o "lugar quente".

Ele está lá agora mesmo, embora hoje, no último dia de abril, meu termômetro diga que faz 25 °C e a temperatura continue a subir. Está dormindo profundamente. Cerca de um quinto dele está bem no topo da máquina do tempo. O resto, patas e assim por diante, derrama-se em cima da mesa, em parte sobre um belo lenço Moebius macio de alpaca que um leitor bondoso me mandou com uma nota presciente que dizia: "Se você não precisar dele, espero que seu gato goste", e em parte sobre um pequeno tapete de lã de fetiche de urso oriundo do Sudoeste que um amigo me deu. Nunca tive a menor chance com o lenço. Abri o pacote em minha mesa. Pard chegou e se apropriou do lenço sem uma palavra. Arrastou-o alguns centímetros para longe de mim, deitou sobre ele e começou a amassar, parecendo sonhador e ronronando com suavidade até adormecer. Era seu lenço. O tapete chegou mais tarde e foi adotado prontamente: Pard sentou sobre ele. O gato sentou sobre o tapete. Seu tapete. Sem discussão. Então, o tapete e o lenço jazem sobre a escrivaninha junto à quente máquina do tempo, e o gato distribui-se diariamente entre os três, ronrona e dorme.

O outro uso que ele pode ter encontrado para a máquina do tempo é puramente, para mim, especulativo. Envolve desmaterialização.

Pard não sai com frequência nem fica fora por muito tempo, a menos que um de nós esteja com ele. Ele não consegue dormir lá fora, mal aguenta deitar e relaxar um pouco; permanece estimulado, vigilante, assustadiço. Ele tem o Interior e aqueles que o compartilham com ele muito bem controlados sob sua pata, mas sabe que o Exterior está muito além de seu conhecimento ou controle. Não se sente em casa lá. Gatinho sábio. Então, quando por vezes desaparece, não me preocupo muito que tenha, de alguma forma, saído pela porta dos fundos e depois encontrado sua portinhola trancada; ele está em algum lugar pela casa.

Mas às vezes o desaparecimento continua, e não há Pard em nenhum lugar, fora ou dentro. Ele não está no porão ou no sótão escuro, ou em um guarda-roupa ou armário de cozinha, ou debaixo de uma colcha de cama. Ele não está. Desmaterializou-se.

Fico ansiosa e uso seu chamado de comida, "tique-tique-tique!", e chacoalho a lata de ração de uma forma atraente que normalmente o traria direto para cima ou para baixo das escadas sem tocar pata em degrau.

Silêncio. Ausência. Nenhum gato.

Digo a mim mesma para parar de me preocupar, Charles me diz para parar de me preocupar, eu tento ou finjo parar de me preocupar e sigo com o que quer que seja que esteja fazendo, preocupada.

A sensação de mistério é constante e opressiva.

E então, lá está ele. Voltou a se materializar diante dos meus olhos. Lá está ele, com a cauda curvada sobre as costas e uma expressão suave e amigável, sugerindo uma prontidão permanente para a Comida.

Pard, onde você estava?

Silêncio. Presença afável. Mistério.

Acho que ele usa a máquina do tempo. Acho que ela o leva a outro lugar. Não o ciberespaço, lá não é lugar para gatos. Talvez ele a use para abrir interstícios temporais, como os não espaços impossíveis nas molduras das janelas pelos quais os besouros entram na casa. Por tais caminhos secretos, conhecidos por Bastet e Li Shou, iluminados pelas estrelas de Leão, ele visita aquele reino misterioso, aquele exterior maior, onde está seguro e perfeitamente em casa.

Parte três

Tentando dar sentido às coisas

Um bando de irmãos, um fluxo de irmãs

Novembro de 2010

Passei a ver a solidariedade de grupo masculina como uma força imensamente poderosa nos assuntos humanos, talvez mais poderosa do que o feminismo do final do século 20 levou em conta.

É impressionante, dada a diferente fisiologia e a complementaridade de hormônios, quanto homens e mulheres são parecidos na maioria das formas. Ainda assim, parece ser um fato que as mulheres em geral têm menos impulso competitivo direto e desejo de dominar e, portanto, paradoxalmente, têm menos necessidade de unirem-se umas às outras em grupos hierarquizados e exclusivos.

O poder da solidariedade de grupo masculina deve vir do controle e da canalização da rivalidade masculina, da repressão e da concentração da vontade de dominar impulsionada por hormônios que tão frequentemente dominam os próprios homens. É uma inversão notável. A energia destrutiva e anárquica da rivalidade individual e da ambição competitiva é desviada para a lealdade ao grupo e ao líder e dirigida a empreendimentos sociais mais ou menos construtivos.

Tais grupos são fechados, postulando "o outro" como um forasteiro. Eles excluem, primeiro, as mulheres; depois, homens de uma idade, ou tipo, ou casta, ou nação, ou nível de realização diferente etc. – exclusões que reforçam a solidariedade e o poder dos excludentes. Ao perceber qualquer ameaça, o "bando de irmãos" se une para apresentar uma fachada impermeável.

A solidariedade masculina me parece ter sido a principal formadora da maioria das grandes instituições antigas da sociedade – Governo, Exército, Sacerdócio, Universidade e a nova, que pode estar devorando todas as outras, Corporação. A existência e a dominância dessas instituições hierárquicas organizadas, coerentes e duradouras remontam a tanto tempo e têm sido quase tão universais que são chamadas principalmente de "como as coisas são", "o mundo", "a divisão do trabalho", "história", "vontade de Deus" etc.

Quanto à solidariedade feminina, sem ela a sociedade humana, penso eu, não existiria. Mas ela permanece quase invisível aos homens, à história e a Deus.

A solidariedade feminina poderia ser melhor chamada de fluidez – um fluxo ou rio em vez de uma estrutura. As únicas instituições em cuja formação tenho certeza de que ela desempenhou algum papel são a tribo e essa coisa muito amorfa, a família. Onde quer que o arranjo masculino da sociedade permita a associação de mulheres em seus próprios termos, ela tende a ser casual, não formulada, não hierárquica; a ser *ad hoc* em vez de fixa, flexível em vez de rígida e mais colaborativa em vez de competitiva. O fato de ter operado principalmente na esfera privada e não na pública é uma função do controle masculino da sociedade, a definição e separação masculinas de "público" e "privado". É difícil saber se os grupos de mulheres se reuniriam em grandes centros, porque a pressão implacável das instituições masculinas contra tal agregação impede isso. Talvez não aconteça, em todo caso. Em vez de emergir do rigoroso controle da agressão na busca pelo poder, a energia da solidariedade feminina vem do desejo e da necessidade de ajuda mútua e, muitas vezes, da busca pela liberdade contra a opressão. O caráter elusivo é a essência da fluidez.

Assim, quando a interdependência das mulheres é percebida como uma ameaça à dependência das mulheres em relação aos homens e ao papel que lhes é atribuído de procriar, cuidar dos filhos, atender à família e servir ao homem, é fácil declarar que ela simplesmente não existe. As mulheres não têm lealdade, não compreendem o que é a amizade etc. A negação é uma arma eficaz nas mãos do medo. A ideia da independência e da interdependência feminina é recebida com ódio escarnecedor tanto por homens quanto por mulheres que se veem beneficiados pelo domínio masculino. A misoginia não se limita, de forma alguma, aos homens. Vivendo em "um mundo de homens", muitas mulheres desconfiam e têm medo de si mesmas tanto ou mais do que os homens.

Na medida em que o feminismo dos anos 1970 jogava com o medo, exaltando a independência e a interdependência das mulheres, brincava com fogo. Gritamos "A sororidade é poderosa!" – e acreditaram em nós. Misóginos aterrorizados de ambos os sexos uivavam que estávamos em um incêndio antes que a maioria das feministas descobrisse onde estavam os fósforos.

A natureza da sororidade é tão profundamente diferente do poder da fraternidade que é difícil prever como ela poderia mudar a sociedade. Em todo caso, vimos apenas um vislumbre de quais poderiam ser seus efeitos.

As grandes instituições masculinas antigas têm sido cada vez mais infiltradas por mulheres nos últimos dois séculos, e essa é uma mudança muito grande. Mas quando as mulheres conseguem se juntar às instituições que as excluíam, na maioria das vezes acabam sendo cooptadas por elas, servindo a fins masculinos, reforçando valores masculinos.

É por isso que tenho um problema com as mulheres em combate nas forças armadas, e por que assisto à ascensão das mulheres nas "grandes" universidades e corporações – mesmo no governo – com um olhar ansioso.

As mulheres podem operar *como mulheres* em uma instituição masculina sem se tornarem imitações de homens?

Se sim, será que mudarão a instituição de modo tão radical que os homens provavelmente as rotularão como de segunda classe, baixarão o salário e as abandonarão? Isso tem acontecido, em alguma medida, em vários campos, como na prática do ensino e da medicina, cada vez mais nas mãos das mulheres. Mas a gestão desses campos, o poder de seus objetivos e a definição deles ainda pertencem aos homens. A questão permanece em aberto.

Ao voltar meu olhar para o feminismo do final do século 20, vejo-o como típico da solidariedade feminina – todos indígenas, sem chefes. Foi uma tentativa de criar um corpo de pessoas não hierárquicas, inclusivas, flexíveis, colaborativas, não estruturadas e *ad hoc* para reunir os gêneros em um equilíbrio melhor.

As mulheres que querem trabalhar para esse fim precisam, penso eu, reconhecer e respeitar o próprio tipo elusivo, inestimável e indestrutível de solidariedade – assim como os homens. E precisam reconhecer tanto o grande valor da solidariedade masculina quanto a inferioridade da solidariedade de gênero em relação à solidariedade humana – assim como os homens.

Penso que o feminismo continua e continuará a existir onde quer que as mulheres trabalhem *à sua maneira* umas com as outras e com os homens, e onde quer que mulheres e homens continuem questionando as definições masculinas de valor, recusando a exclusividade de gênero, afirmando a interdependência, desconfiando da agressão, buscando sempre a liberdade.

Exorcistas

Novembro de 2010

Hoje e amanhã os bispos católicos romanos dos Estados Unidos realizarão uma conferência sobre exorcismo em Baltimore. Muitos bispos e sessenta sacerdotes estão lá para aprender os sintomas da possessão demoníaca – pode-se estar possuído se demonstrar força incomum, falar em uma língua que não conhece ou reagir violentamente a qualquer coisa sagrada – e os ritos do exorcismo, que incluem aspergir água benta na pessoa, pousar-lhe as mãos, fazer recitações e invocações e soprar no rosto dela.

A Igreja atualizou o rito em 1999, aconselhando que "tudo deve ser feito para evitar a percepção de que o exorcismo é mágica ou superstição". Isso parece um pouco como emitir instruções para dirigir um carro ao mesmo tempo que se adverte que tudo deve ser feito para evitar a percepção de que um veículo em movimento está sendo guiado.

Eu aconselharia os halterofilistas e as pessoas que estão aprendendo uma língua estrangeira a evitar Baltimore neste fim de semana. Não sei como aconselhar pessoas que reagem violentamente a qualquer coisa sagrada. Não sei quem são, porque não sei que tipo de reação violenta está sendo referida e por que "o que é sagrado" depende inteiramente da percepção pessoal de sacralidade. Se fico abalada por uma emoção indescritivelmente forte quando observo um par de águias dançando uma com a outra ao vento, ou quando ouço as primeiras notas do tema do último movimento da *Nona Sinfonia*, estarei eu possuída por um demônio? Não sei, mas ficarei longe de Baltimore.

Acho que as pessoas que deveriam ir correndo para lá são os quatro juízes católicos homens da Suprema Corte dos Estados Unidos, todos partidários das políticas do papa Ratzinger e membros do grupo católico ultrarreacionário Opus Dei. As lições de exorcismo enriqueceriam enormemente o repertório deles. A quinta católica romana da Suprema Corte é uma mulher e, portanto, está excluída de fazer a "obra de Deus".

Uniformes

Fevereiro de 2011

Os Estados Unidos entraram em guerra com a Alemanha e o Japão quando eu era uma garota de 11 anos. Uma das coisas de que me lembro foi como – da noite para o dia, me pareceu – as ruas de Berkeley encheram-se de uniformes. Durante toda a guerra, homens em trajes civis eram minoria no centro da cidade. Mas os uniformes não trouxeram uniformidade à cidade. Se muito, foram uma melhoria nas mesmas roupas monótonas de sempre do fim da Grande Depressão.

O Exército e a Força Aérea do Exército usavam cáqui em vários tons de marrom, esverdeado e bege: jaquetas bonitas, calças com vinco, sapatos pretos brilhantes, todos muito elegantes. Mas não eram páreo de fato para os uniformes da Marinha, os homens do mar em suas túnicas e calças brancas e pequenos chapéus brancos redondos no verão e, no inverno, túnicas de lã azul com gola de marinheiro e calças com uma braguilha quadrada de treze botões – não estou brincando. Belos bumbunzinhos redondos ficavam incríveis nesse uniforme. E os oficiais, em seu branco vívido ou azul-marinho, botões dourados e torçal dourado, pareciam de outra espécie, pedaços de mau caminho. Que eu saiba, não havia bases de fuzileiros perto de Berkeley; de qualquer forma, não víamos muito fuzileiros por perto, mas eles pareciam bastante grandiosos nos jornais cinematográficos.

O navio do meu irmão Clif foi inaugurado no porto de San Francisco e fomos à cerimônia: um belo espetáculo, formal, tradicional, embelezado por aqueles uniformes elegantes. Os homens estavam formidáveis alinhados no convés, todos azuis e brancos e dourados ao sol. Que garoto não gostaria de ter aquela aparência e ser visto com aquela aparência por todos?

Um uniforme, desde o século 18, quando de fato começaram a ser inventados, é conhecido como uma poderosa ajuda para o recrutamento.

Não posso dizer que isso tenha sido verdade para os uniformes que as mulheres receberam na Segunda Guerra Mundial. Eles imitavam os dos homens, claro, com saias no lugar de calças, mas eram mal desenhados, o visual bem-passado e estiloso tornando-se apertado e duro nas mulheres; mesmo considerando o severo racionamento de tecido, os uniformes eram desnecessariamente pequenos, formais e constrangedores. Eu com certeza não teria aderido ao WAVES ou ao WAC* pelo uniforme, apenas apesar dele. Felizmente para o WAVES, o WAC e para mim, eu tinha 15 anos quando a guerra terminou.

Durante as várias guerras norte-americanas seguintes, todo o conceito do uniforme evoluiu, afastando-se do bom ajuste e da boa aparência e voltando-se para uma espécie agressivamente

---

* Siglas para *Women Accepted for Volunteer Emergency Service* (Mulheres Aceitas para Serviços Voluntários de Emergência) e *Women's Army Corps* (Corpo do Exército Feminino). [N. de E.]

Uniformes

prática de informalidade ou relaxamento, ou desleixo. Atualmente nossos soldados são vistos, em sua maioria, em pijamas manchados de aspecto lamacento.

Esse uniforme pode ser útil e confortável nas selvas do Vietnã ou nos desertos do Afeganistão. Mas será que os homens precisam de camuflagem quando voam de Reno para Cincinnati, ou de coturnos na Quinta Avenida? Acho que os soldados ainda têm uniformes de passeio – sei que os fuzileiros navais têm; parecem vesti-los com mais frequência do que as outras Forças Armadas, talvez por fazerem tantos editoriais fotográficos em Washington –, mas não consigo me lembrar da última vez que vi um soldado do Exército na rua bem-vestido.

Sei que para muitos meninos e homens, a camuflagem assumiu o glamour que um belo uniforme um dia teve. Por mais que me pareça grotesco, para eles é viril e ótimo. Por isso, acho que o uniforme ainda auxilia no recrutamento, atraindo o garoto que quer usá-lo, ter aquela aparência, ser aquele soldado. E não duvido que os jovens usem-no com orgulho.

Mas me pergunto muito sobre o efeito do uniforme pijama-camuflado na maioria dos civis. Acho não só degradante, mas perturbador que vistamos nossos soldados com roupas adequadas à cadeia ou ao manicômio, diferenciando-os não por uma aparência boa e elegante, mas por parecerem palhaços de um circo em ruínas.

Toda essa mudança no estilo dos uniformes pode ser parte de uma mudança no nosso estilo de guerra, e com ela uma atitude modificada em relação ao serviço militar. Reflete possivelmente uma nova opinião realista sobre a guerra, uma recusa em glamorizar o ato. Se deixamos de ver a guerra como uma coisa inerentemente nobre e enobrecedora, deixamos de colocar o guerreiro num pedestal. Uniformes bonitos parecem, então, um mero desfile, uma fachada falsa para a brutalidade sem sentido do comportamento na guerra. Assim, o uniforme de combate pode ser grosseiramente utilitário, sem nenhuma preocupação com a aparência ou a autoestima do usuário. Em todo caso, agora que a maioria das guerras não é travada entre exércitos, mas por máquinas que matam civis, qual é o significado de um uniforme militar? A criança morta nas ruínas de uma aldeia bombardeada não morreu por seu país, assim como qualquer soldado?

Mas não consigo acreditar que o Exército pense assim, que está tornando seus uniformes feios de modo a encorajar-nos a pensar que a guerra é feia. Talvez o uniforme de combate reflita uma atitude de que eles não têm consciência e que jamais admitirão, uma mudança menos na natureza da guerra do que em nossa atitude nacional em relação a ela, que não é nem glamorizadora tampouco realista, mas simplesmente desinteressada. Prestamos muito pouca atenção às nossas guerras ou às pessoas que combatem nelas.

Certo ou errado, na década de 1940 honrávamos nossos militares. Estávamos naquela guerra com eles. A maioria havia sido convocada, alguns bastante relutantes, mas eram nossos soldados e tínhamos orgulho deles. Certo ou errado, desde os anos 1950 e particularmente a partir dos anos 1970, começamos a encarar a guerra que estivesse acontecendo em termos de o que os olhos não veem, o coração não sente e, com isso, os homens e mulheres que nela combatiam ficaram distantes. Hoje em dia, todos são voluntários. Contudo – ou por isso? –, nós os repudiamos. Nós os elogiamos *pro forma* como nossos bravos defensores, os enviamos para qualquer país em que estejamos lutando agora, continuamos enviando-os de volta e não pensamos neles. Eles não são nós. Não são pessoas que queremos, de fato, ver. Como as pessoas nas prisões, as pessoas em manicômios. Como palhaços que não são engraçados, de um circo de terceira categoria ao qual não pensaríamos em ir.

Então, que tal falarmos do quanto pagamos, de como estamos levando nosso futuro à falência para manter esse circo ativo?

 Não. Isso não é algo de que falemos. Não no Congresso. Não na Casa Branca. Não em lugar algum.

Agarrando-se desesperadamente a uma metáfora

Setembro de 2011

A menos que o povo se beneficie, o crescimento econômico é subsídio para os ricos.

– Richard Falk, "Post-Mubarak Revolutionary Chances", *Al Jazeera*, 22 de fevereiro de 2011

Eu escrever sobre economia é tão bobo como seria para a maioria dos economistas escrever sobre o uso do *enjambement* em pentâmetros iâmbicos. Mas eles não vivem em uma biblioteca, e eu vivo em uma economia. A vida deles pode ser perfeitamente livre de poesia caso queiram, mas minha vida é controlada pelas coisa deles, quer eu goste ou não.

Portanto, quero perguntar como os economistas podem continuar a falar em crescimento como um objetivo econômico positivo.

Entendo o motivo de estarmos em pânico quando nossos negócios ou toda a nossa economia entra em declínio ou recessão: porque o sistema inteiro baseia-se em acompanhar/ superar a competição e, se falharmos nisso, enfrentaremos tempos difíceis, colapso, quebra.

Mas por que nunca questionamos o sistema em si, a fim de encontrar maneiras de contorná-lo ou sair dele?

Até certo ponto, o crescimento é uma metáfora plausível. Os seres vivos precisam crescer, primeiro até seu tamanho ideal, e depois para continuar a repor o que se desgasta, anualmente (como acontece com muitas plantas) ou de modo contínuo (como acontece com a pele de mamíferos). Um bebê cresce até o tamanho adulto, e depois disso o crescimento vai para a manutenção da estabilidade, homeostase, equilíbrio. O crescimento muito além disso leva à obesidade. Que um bebê continuasse a crescer infinitamente seria primeiro monstruoso, depois fatal.

Ao tomarmos o crescimento descontrolado, ilimitado e incessante como a única receita para a saúde econômica, descartamos as ideias de tamanho ideal e de manter o organismo em equilíbrio.

Talvez haja organismos que não tenham um tamanho ideal, como a enorme rede de fungos de que se ouve falar e subjaz a todo o Oriente Médio, ou seria apenas o Wisconsin? Mas me pergunto se um fungo vagando por milhares de quilômetros quadrados subterrâneos é o modelo mais promissor para uma economia humana.

Alguns economistas preferem usar termos mecânicos, mas creio que máquinas têm um tamanho ideal assim como os organismos vivos. Uma máquina grande pode executar mais trabalho do que uma pequena até certo ponto, além do qual coisas como peso e fricção começam a arruinar sua eficiência. A metáfora tem o mesmo limite.

Depois, há o darwinismo social – banqueiros cruéis e impiedosos sobrevivendo bem, enquanto pequenos vermes vivem do sangue que escorre... Essa metáfora, baseada em um grande mal-entendido do processo evolucionário, atinge seu limite quase de uma só vez. Na competição predatória, o tamanho é útil, mas há infinitas maneiras de conseguir seu jantar além de ser maior do que ele. Você pode ser menor, mas mais esperto; menor, mas mais rápido; minúsculo, mas venenoso; alado... você pode viver dentro dele enquanto o come... Quanto a conseguir uma companheira, se o combate fosse a única maneira de marcar pontos, o tamanho ajudaria, mas (apesar de nossa fixação pela batalha) a maior parte da competição não envolve combate. É possível vencer a corrida reprodutiva dançando graciosamente, tendo uma cauda azul-esverdeada decorada com olhos, construindo um belo ninho para sua noiva, sabendo contar uma piada... No que diz respeito ao espaço para viver, você pode expulsar seus vizinhos por superlotação ao crescer mais que eles, mas é mais barato e igualmente eficaz encurralar toda a água nas proximidades, como um zimbro, ou ser tóxico para as anêmonas-do-mar, que não são suas parentas próximas... as técnicas competitivas de plantas e animais são infinitas em variedade e engenhosidade. Então por que nós, espertos que somos, estamos presos a uma e apenas uma?

Um organismo que se acomoda a um único estratagema de sobrevivência e deixa de buscar e encontrar outros – deixa de se adaptar – corre alto risco. E a adaptabilidade é nosso princípio e nosso dom mais confiável. Como espécie, somos quase infinita, quase espantosamente adaptáveis. O capitalismo pensa que é adaptável, mas se tem apenas um estratagema, o crescimento sem fim, o limite de sua adaptabilidade está estabelecido de modo irrevogável. E atingimos esse limite. Estamos, portanto, correndo um risco muito alto.

O crescimento capitalista, provavelmente há pelo menos um século e certamente desde a virada do milênio, tem sido no sentido errado. Não apenas infinito, mas descontrolado – aleatório. Crescimento tipo um tumor. Crescimento tipo câncer.

Nossa economia não está apenas em recessão. Está doente. Como resultado do crescimento econômico (e populacional) descontrolado, nossa ecologia está doente e ficando a cada dia pior. Perturbamos a homeostase da terra, do oceano e da atmosfera – não de modo fatal para a vida no planeta; as bactérias sobreviverão à corporação. Mas talvez fatalmente para nós mesmos.

Estamos em negação em relação a isso há décadas. Hoje, as negações são histéricas em todos os sentidos da palavra – *Como assim, instabilidade climática? Como assim, superpopulação? Como assim, reatores são tóxicos? Como assim, não se pode viver de xarope de milho?*

Continuamos repetindo mecanicamente os comportamentos que causaram a doença: resgatamos os banqueiros, retomamos a perfuração de poços no mar, pagamos os poluidores para poluir porque, sem eles, como nossa economia pode crescer? No entanto, cada vez mais, todo crescimento econômico beneficia apenas os ricos, enquanto a maioria das pessoas fica mais pobre. O Instituto de Políticas Econômicas informa:

> De 2000 a 2007 (o último período de crescimento econômico antes da recessão atual), os norte-americanos 10% mais ricos receberam 100% (cem por cento – tudo) do crescimento médio da renda. Os outros 90% não receberam nada.

Nesse ritmo, quando admitirmos que câncer não é saúde, que estamos doentes, qualquer cura deverá ser tão radical a ponto de quase certamente requerer domínio ditatorial, e destruirá mais – física e moralmente – do que pode salvar.

Ninguém, em nenhum governo, parece ser capaz sequer de imaginar alternativas, e as pessoas que falam sobre elas recebem pouca atenção. Algumas das alternativas que existiam no passado eram promissoras; acho que o socialismo era, e ainda é, mas foi descarrilado por homens ambiciosos usando-o como um meio para o poder, assim como pela infecção do capitalismo – a obsessão de crescer a qualquer custo para derrotar rivais e dominar o mundo. O exemplo dos maiores Estados socialistas é tão animador quanto o do gigantesco fungo subterrâneo.

Então qual será a nossa nova metáfora? Encontrar a certa pode ser a diferença entre a vida e a morte.

Mentir para que tudo desapareça

Outubro de 2012

Estou fascinada por esse excerto histórico do *New York Times* na seção "On This Day" [Neste dia]:

> Em 5 de outubro de 1947, no primeiro pronunciamento televisionado da Casa Branca, o presidente Truman pediu aos norte-americanos que se abstivessem de comer carne às terças-feiras e aves às quintas-feiras com o objetivo de ajudar a estocar grãos para pessoas famintas na Europa.

O primeiro pronunciamento televisivo da Casa Branca – isso é interessante. Imagine um mundo no qual um presidente fala ao povo pelo rádio, ou pode falar apenas a um público fisicamente presente, como Lincoln em Gettysburg. Quão pitoresca, quão primitiva, quão diferente de nós era aquela gente simples de antigamente!

Mas não é isso que me fascina nesse item. O que estou dando duro para imaginar ou me lembrar é de um país cujo presidente pediu a seu povo que não comesse carne bovina às terças-feiras ou frango às quintas-feiras porque havia gente morrendo de fome na Europa. A Segunda Guerra Mundial havia deixado a economia europeia, bem como suas cidades, praticamente em ruínas, e esse presidente pensou que os americanos poderiam a) ver a conexão entre carne e grãos e b) estar dispostos a renunciar a um elemento de luxo de sua dieta a fim de dar um alimento mais essencial a estrangeiros famintos em outro continente, alguns dos quais tínhamos matado e alguns dos quais tinham nos matado dois anos antes.

Na época, o pedido foi ridicularizado ou desdenhado por alguns e ignorado pela maioria. Mas ainda assim: você pode imaginar qualquer presidente, hoje, pedindo ao povo americano para privar-se de carne uma ou duas vezes por semana a fim de estocar grãos para estrangeiros famintos em outro continente, alguns dos quais, sem dúvida, são terroristas?

Ou pedindo que nos abstenhamos de carne de vez em quando para fornecer mais grãos a programas e bancos de alimentos para os 20 milhões de americanos que vivem em "extrema pobreza" (o que significa desnutrição e fome) neste momento?

Ou, na verdade, pedindo que renunciemos a alguma coisa por qualquer razão?

Alguma coisa mudou.

Como nossas escolas públicas traídas não podem mais ensinar muita história ou leitura, as pessoas podem achar tudo e todos de cerca de 25 anos atrás inimaginavelmente distantes e incompreensivelmente diferentes delas mesmas. Elas defendem seu desconforto desprezando as pessoas de antes de seu tempo como simples, pitorescas, ingênuas etc. Sei que os americanos de 65 anos atrás não eram nada disso. Ainda assim, aquele discurso de Harry Truman me diz que algo de fato mudou.

Sendo bem velha, lembro um pouco da Depressão, muito da Segunda Guerra Mundial e suas consequências, algumas coisas sobre a "guerra contra a pobreza" de Lyndon Johnson e assim por diante. Essa experiência não me permite jamais tomar a prosperidade para todos como um fato – apenas como um ideal. Mas o sucesso do New Deal e da rede socioeconômica estabelecida depois de 1945 permitiu que muitas pessoas presumissem de modo quase impensado que o Sonho Americano havia se realizado e continuaria para sempre. Só agora há toda uma geração amadurecendo que não cresceu na sedutora estabilidade de uma inflação constante, mas que viu o capitalismo de crescimento voltar às suas origens sem dar segurança a ninguém, a não ser aos mais fortes especuladores. Nesse aspecto, a experiência de meus netos é e será muito diferente da de seus pais, ou da minha. Gostaria de estar viva para ver o que eles vão fazer quanto a isso.

Mas isso ainda não me leva ao que quer que seja sobre aquele pedido do velho Harry que tanto me intriga e que, quando penso a respeito, faz-me sentir como se os Estados Unidos em que vivo fossem o país de outra pessoa.

Uma educação que me deu uma noção da continuidade da vida humana e do pensamento me impede de dividir o tempo em Agora (nós – os últimos anos) e Depois (eles – a história). Um vislumbre do panorama antropológico me impede de acreditar que a vida, em algum momento, foi simples para qualquer pessoa, em qualquer lugar, em qualquer época. Todas as pessoas mais velhas sentem nostalgia por certas coisas que conheciam e não existem mais, mas vivo muito pouco no passado. Então por que estou me sentindo como uma exilada?

Assisti ao meu país aceitar, na maioria das vezes de forma bastante complacente, em conjunto com um padrão de vida mais baixo para cada vez mais pessoas, um padrão moral mais baixo. Um padrão moral baseado na publicidade. Aquele homem cabeça-dura, Saul Bellow, escreveu que a democracia é propaganda. Fica mais difícil negar isso quando, por exemplo, durante uma campanha, não apenas os aspirantes à presidência, mas o próprio presidente esconde ou deturpa fatos conhecidos, mente deliberada e repetidamente. E apenas a oposição objeta.

Claro, os políticos sempre mentiram, mas Adolf Hitler foi o primeiro que transformou a mentira em uma política. Os políticos americanos não costumavam mentir como se soubessem que ninguém se importava se mentiam ou não, embora Nixon e Reagan tenham começado a testar esse terreno de indiferença moral. Agora estamos atolados nele. O que me chocou nos números falsos e nas promessas falsas de Obama durante o primeiro debate é que eram *desnecessários*. Se ele tivesse dito a verdade, teria sustentado melhor sua candidatura, além de ter tornado vergonhosos os números falsos de Romney e sua vagueza evasiva. Ele nos teria dado uma escolha moral em vez de uma partida de arremesso de tortas estatísticas.

Os Estados Unidos podem continuar a viver de efeito e ilusão, de discursos vazios e enganadores e ainda ser o meu país? Não sei.

Acho que se tornou improvável até mesmo para mim que um presidente devesse, alguma vez, ter pedido aos norte-americanos que não comessem frango às quintas-feiras. Talvez seja pitoresco, afinal. "Meus compatriotas americanos, não perguntem o que seu país pode fazer por vocês – perguntem o que vocês podem fazer por seu país." Sim, arrã. Ah, puxa! Aquele também soltou umas boas mentiras. Ainda assim, falava conosco como adultos, cidadãos capazes de fazer perguntas difíceis e decidir o que fazer com elas – não como meros consumidores capazes de ouvir apenas o que queremos ouvir, incapazes de fazer juízos, indiferentes aos fatos.

E se algum presidente pedisse àqueles de nós que podem se dar ao luxo de comer frango que não comêssemos frango às quintas-feiras para que o governo pudesse distribuir mais alimentos para aqueles 20 milhões de pessoas famintas de nossa comunidade? Deixe disso. Coisa de quem quer aparecer. De toda forma, nenhum presidente conseguiria passar essa medida pelas corporações das quais o Congresso é uma subsidiária quase de modo integral.

E se algum presidente nos pedisse (uma vez, um deles pediu) para aceitarmos um limite de velocidade de 90 km/h a fim de economizar combustível, estradas e vidas? Refrão de gargalhadas zombeteiras.

Quando se tornou impossível para o nosso governo pedir a seus cidadãos que se abstivessem de gratificações de curto prazo a fim de servir a um bem maior? Foi por volta da época em que começamos a ouvir como nenhum norte-americano de sangue quente e amante da liberdade deveria ter que pagar impostos?

Eu certamente nunca estive apaixonada pela mera ideia de "prescindir", como os puritanos estão. Mas admito que estou deprimida com a ideia de que não podemos nem mesmo ser solicitados a considerar a possibilidade de prescindir a fim de dar ou deixar o suficiente para as pessoas que precisam ou precisarão, incluindo, possivelmente, nós mesmos. Será que o americano de sangue quente, amante da liberdade, é tão infantil que se deve prometer a ele o que quer que ele queira neste momento? Ou, dito de forma menos elaborada, se não se pode pedir aos cidadãos que se abstenham de bife às terças-feiras, como se pode pedir às indústrias e corporações que se abstenham dos lucros vastos e imediatos que obtêm com a desestabilização do clima e a destruição do meio ambiente?

Parece que desistimos da visão de longo prazo. Que decidimos não pensar nas consequências – nas causas e efeitos. Talvez seja por isso que eu sinto que vivo em exílio. Costumava viver em um país que tinha um futuro.

Se e quando terminarmos de degradar o meio ambiente até ficarmos sem carne e sem o resto dos alimentos de luxo, aprenderemos a ficar sem eles. As pessoas aprendem. O presidente não precisará sequer pedir. Mas se e quando ficarmos sem coisas que não são um luxo, como água, seremos capazes de usar menos, de prescindir, de racionar, de compartilhar?

Gostaria que estivéssemos ganhando um pouco de prática em tais coisas. Gostaria que nosso presidente nos respeitasse o suficiente para dar-nos uma chance de praticar pelo menos pensar sobre elas.

Gostaria que os ideais de respeito à verdade e compartilhamento de bens não tivessem se tornado tão estrangeiros ao meu país a ponto de ele começar a parecer estrangeiro para mim.

A criança interior
e o político nu

Outubro de 2014

No último verão, uma empresa que faz camisetas literárias pediu-me permissão para usar uma citação:

"O adulto criativo é a criança que sobreviveu".

Olhei para a frase e pensei: "Será que escrevi?" Acho que escrevi algo parecido. Mas espero que não essa frase. *Criativo* não é uma palavra que uso muito desde que o pensamento corporativo se apropriou dela. E *todo* adulto é uma criança que sobreviveu, não é?
Portanto, pesquisei a frase no Google. Recebi muitos resultados e, nossa, alguns deles eram bem esquisitos. Em muitos, a frase é atribuída a mim, mas nenhuma referência a uma fonte é dada.
A mais estranha está em um site chamado quotes-clothing.com:

Meu querido,
O adulto criativo é a criança que sobreviveu.

O adulto criativo é a criança que sobreviveu depois que o mundo tentou matá-la fazendo-a "crescer". O adulto criativo é a criança que sobreviveu à insipidez da escola, às palavras inúteis dos maus professores e aos modos negativos do mundo.

O adulto criativo é, em essência, simplesmente isso, uma criança.

Falsamente sua,

Ursula LeGuin

A parte mais estranha dessa pequena orgia de autopiedade é o "Falsamente sua", que tomo como uma tímida semiconfissão de falsificação por quem quer que realmente tenha escrito a arenga.

Procurei em meus próprios ensaios a frase que poderia ter sido usada ou mal utilizada para a citação, porque ainda tenho a sensação de que existe uma. Até agora não a encontrei. Perguntei a meus amigos em um grupo de conversas de ficção científica se não os fazia lembrar de alguma coisa – alguns deles são estudiosos, com um faro aguçado para a proveniência –, mas nenhum deles pôde ajudar. Se alguém lendo este texto tiver uma teoria sobre a origem da pseudocitação ou, melhor ainda, um "Eureca!", com volume e número de página, poderia, por favor, publicá-la como resposta na BVC? Porque isso está me incomodando desde junho.[1]

---

1 As bem-vindas respostas a este post no Book View Café logo deram-me tanto a frase que escrevi como uma possível fonte do equívoco. No ensaio de 1974 "Why Are Americans Afraid of Dragons?" [Por que os americanos têm medo de dragões?] (reimpresso na coletânea *The Language of the Night*), escrevi: "Acredito que a maturidade não é uma superação, mas um crescimento: que um adulto não é uma criança morta, mas uma criança que sobreviveu". Nada sobre "criatividade" ou o que quer que seja. Estava apenas atacando a noção de que a maturidade é mera perda ou traição da infância.

A criança interior e o político nu

A frase em si, seu uso e popularidade, me incomoda ainda mais. A indiferença diante do que as palavras realmente dizem; a disposição em aceitar um truísmo insosso como um conceito útil, até mesmo revelador; o desleixo com a origem de uma suposta citação – tudo isso faz parte do que eu menos gosto em relação à internet. Uma atitude de "blá blá, quem se importa, a informação é o que eu quero que seja", uma mentalidade preguiçosa que degrada tanto a linguagem quanto o pensamento.

Mas, mais profundamente, jaz minha aversão ao que a frase me diz: que *apenas* a criança é viva e criativa, de modo que crescer é morrer.

Respeitar e valorizar o frescor da percepção e as potencialidades vastas e polimorfas da infância é uma coisa. Mas dizer que experimentamos o verdadeiro ser apenas na infância e que a criatividade é uma função infantil – isso é outra coisa.

Continuo encontrando essa desvalorização de crescer na ficção, assim como no culto à Criança Interior.

Há um sem-fim de livros para crianças cujo herói é um rebelde desajustado – o menino ou a menina (geralmente descrito como comum e quase previsivelmente ruivo) que se mete em

---

A citação errada pode ter aparecido pela primeira vez na internet em 1999, em uma enorme e geralmente útil coleção de citações compiladas pelo professor Julian F. Fleron. Quando lhe escrevi, ficou angustiado ao saber que era uma citação errônea, e muito cordialmente a removeu de imediato. Mas uma falsa atribuição na internet é como uma caixa de besouros *Boisea trivittata*; as coisinhas miseráveis continuam a procriar, a zumbir e a rastejar para fora da madeira. Verifiquei faz pouco tempo (julho de 2016): o Goodreads e a AIGA continuam a atribuir a citação errônea do "adulto criativo" a mim. Ela também assumiu uma existência independente e é até mesmo referida por uma fonte como "o conhecido ditado". Enfim!

161

confusão por questionar, resistir ou ignorar "as regras". Todo jovem leitor se identifica com essa criança, e com razão. Em alguns aspectos, até certo ponto, as crianças *são* vítimas da sociedade: elas têm pouco ou nenhum poder; não lhes é dada a chance de mostrar o que há nelas.

E elas sabem disso. Adoram ler sobre tomar o poder, vingar-se dos valentões, mostrar suas coisas, fazer justiça. Querem fazer tudo isso para que possam crescer, reivindicar independência a fim de assumir responsabilidades.

Mas existe uma literatura escrita tanto para crianças quanto para adultos na qual a sociedade humana está reduzida à oposição crianças boas/criativas, adultos maus/mortos por dentro. Aqui as crianças heroínas não são apenas rebeldes, mas de todas as formas superiores à sua sociedade tacanha e coerciva e aos adultos estúpidos, insensíveis e cruéis que as cercam. Elas podem fazer amizade com outras crianças e encontrar compreensão em um tipo sábio, com ares de avô de outra cor de pele ou em pessoas à margem ou fora de sua sociedade. Mas elas não têm nada a aprender com os adultos do próprio povo, e aqueles anciãos não têm nada a lhes ensinar. Uma criança assim tem sempre razão e é mais sábia do que os adultos que a reprimem e a entendem mal. Contudo, a criança superperceptiva e sábia é impotente para escapar. Ela é uma vítima. Holden Caulfield é um modelo dessa criança. Peter Pan é seu antepassado direto.

Tom Sawyer tem algo em comum com essa criança, assim como Huck Finn, mas Tom e Huck não são sentimentalizados ou moralmente simplificados, nem consentem em ser vítimas. Eles são descritos com, e têm, um poderoso senso de humor irônico, que afeta a questão crucial da autopiedade. O mimado Tom adora ver-se como cruelmente oprimido por leis e obrigações sem sentido, mas Huck, uma verdadeira vítima de abuso pessoal e social, não sente nenhuma autocomiseração. Ambos, no entanto, têm toda a intenção de crescer, de tomar conta das próprias vidas. E eles irão – Tom, sem dúvida, como um pilar de sucesso de sua sociedade; Huck, um homem mais livre, lá fora nos Territórios.

Parece que a "criança superperceptiva vítima da autopiedade" tem algo em comum com a criança interior: elas são preguiçosas. É muito mais fácil culpar os adultos do que ser um.

A ideia de que todos nós temos uma criança interior que foi suprimida por nossa sociedade, a crença de que devemos cultivar essa criança interior como nosso verdadeiro eu e de que podemos confiar nela para liberar nossa criatividade, parece uma declaração excessivamente redutora de uma visão expressa por muitas pessoas sábias e atenciosas – entre elas, Jesus: "A não ser que vocês se convertam e se tornem como crianças pequenas, não entrarão no reino dos céus."

Alguns místicos e muitos grandes artistas, conscientes do uso que fazem de sua infância como uma profunda fonte de inspiração, falaram da necessidade de manter uma conexão interior intacta entre a criança e o adulto na própria vida interior.

Mas reduzir isso à ideia de que podemos abrir uma porta mental a partir da qual nossa criança interior aprisionada vai brotar e nos ensinar a cantar, dançar, pintar, pensar, rezar, cozinhar, amar etc.?

Uma afirmação muito maravilhosa da necessidade e da dificuldade de manter uma conexão com o próprio eu-criança é "Ode: prenúncios de imortalidade", de Wordsworth. O poema oferece um argumento profundamente sentimanetal, profundamente reflexivo e radical:

Nosso nascimento não é senão sonho e esquecimento... *

Em vez de ver o nascimento como um despertar do não-ser vazio e da incompletude fetal para a plenitude do ser da criança e ver a maturidade como uma jornada estreita e empobrecedora em direção à morte vazia, a ode propõe que uma alma entra na vida esquecendo-se de seu ser eterno, pode lembrar dele ao longo da vida apenas em prenúncios e momentos de revelação e só lembrará e voltará a juntar-se a ele plenamente na morte.

A natureza, diz Wordsworth, nos oferece lembranças infinitas do eterno, e estamos mais abertos a elas em nossa infância. Apesar de perdermos essa abertura na vida adulta, quando os "costumes" trarão a nós "um fardo amiúde/pesado como a geada e quase quanto a vida profundo", ainda podemos manter a fé de que as

> Lembranças fugazes daqueles momentos
>   Que sejam o que forem, todavia,
> São a fonte de luz de nosso dia,
> A luz-guia de todo o nosso ver
>   Sustentam-nos, cuidam-nos e podem levar
> Nossos anos turbulentos a parecer instantes no ser
> Do eterno Silêncio: verdades prestes a despertar
>   Para jamais perecer.

Aprecio esse testemunho em particular porque ele não precisa ser visto como emergindo do sistema de crenças de

---

* Os versos das páginas 164, 165 e 166 foram extraídos da coletânea *O olho imóvel pela força da harmonia*, cujos poemas de William Wordsworth foram traduzidos por Alberto Marsicano e John Milton (São Paulo: Ateliê Editorial, 2007). [N. de T.]

nenhuma religião. Pessoas de fé e livres-pensadores podem compartilhar essa visão da existência humana, passando da luz através das trevas para a luz, do mistério para o infindável mistério.

Nesse sentido, a inocência, a abertura sem julgamento e sem reservas à experiência da criança pequena pode ser vista como uma qualidade espiritual alcançável ou realcançável pelo adulto. E penso que a ideia da criança interior, em sua origem ou forma ideal, diz respeito a isso.

Mas Wordsworth não faz nenhum apelo sentimental para que alimentemos a criança que éramos negando o valor da maturidade ou tentando *ser* uma criança novamente. Por mais conscientes que estejamos da liberdade, da consciência e da alegria que perdemos ao envelhecer, vivemos uma vida humana plena ao não parar em nenhuma etapa, mas tornando-nos tudo o que há em nós para nos tornar.

> *E não haja nada que me devolva*
> *A glória da flor e o esplendor da relva;*
> *Não vamos nos magoar*
> *Mas no que restou encontrar;*
> *Força na empatia primordial*
> *Que uma vez tendo sido é eterna!;*
> *Nos suaves pensamentos*
> *De nossos sofrimentos;*
> *Na fé que enxerga além da morte*
> *Nos anos que nos trazem o filosófico pensar.*

(Se você, como eu, olha para a palavra *suaves* com surpresa, perguntando-se como os pensamentos do sofrimento humano podem ser suaves, talvez sinta, como eu, que tal maravilha é uma chave – um sinal de que a linguagem direta do poeta contém imensamente mais do que sua aparente clareza revela a princípio, que nada do que ele diz neste poema é simples e que, embora o poema seja facilmente compreendido, qualquer compreensão pode levar, se for seguida, a uma maior compreensão.)

    O culto da criança interior tende a simplificar em excesso o que Wordsworth mantém complexo, fechar o que ele deixa aberto e fabricar oposições onde não há nenhuma. A criança é boa – logo, o adulto é mau. Ser uma criança é ótimo – então, crescer é um horror.

    Com certeza, crescer não é fácil. Tão logo dão seus primeiros passinhos, os bebês estão fadados a esbarrar em confusão. Wordsworth não tinha ilusões quanto a isso: "As trevas do cárcere começam a encerrar / o Menino que cresce..." A transição para a idade adulta, a adolescência, é difícil e perigosa, reconhecida como tal por muitas culturas – muitas vezes de forma punitiva, com ritos cruéis de iniciação masculina ou pela erradicação brutal da adolescência em meninas, casando-as assim que menstruam.

    Vejo as crianças como seres inacabados, a quem foi dado um trabalho muito grande para fazer. Esse trabalho é tornarem-se completas, consumar seu potencial: crescer. A maioria delas quer realizar esse trabalho e dá o seu melhor para tanto. Todas precisam da ajuda de adultos para isso. Essa ajuda é chamada de "ensino".

    O ensino pode, é claro, dar errado, ser restritivo e não educativo, ser estupidificante, cruel. Tudo o que fazemos pode ser feito de forma errada. Mas dispensar o ensino como mera repressão à espontaneidade infantil é uma injustiça monstruosa com todos os pais e professores pacientes do mundo desde o Paleolítico e nega tanto o direito das crianças de crescerem quanto a responsabilidade de seus mais velhos de ajudá-las a crescer.

As crianças são, por natureza, por necessidade, irresponsáveis, e a irresponsabilidade nelas, como em filhotes de cachorros e gatos, é parte de seu encanto. Levada à idade adulta, torna-se uma terrível falha prática e ética. A espontaneidade descontrolada se desgasta. Ignorância não é sabedoria. A inocência é sabedoria apenas do espírito. Podemos e de fato todos aprendemos com as crianças ao longo de nossa vida; mas "tornar-se como crianças pequenas" é um conselho espiritual, não intelectual, prático ou ético.

Temos mesmo de esperar que uma criança nos diga que nossos imperadores estão nus para vermos isso? Ou, pior ainda, esperar que o pirralho interior de alguém abra o bico? Se for o caso, muitos políticos nus nos esperam.

Uma proposta modesta: vegempatia

Junho de 2012

É hora de a humanidade ascender de nossa condição primitiva de onívoros, carnívoros, vegetarianos e veganos. Devemos dar o próximo passo inevitável ao oganismo – o caminho da aeróvoro – afastando-nos da obesidade, da alergia e da crueldade em direção à pureza imaculada. Nosso lema deve ser: *Tudo de que precisamos é O.*

Muitas pessoas perturbadas pelo sofrimento dos animais – animais que dificilmente existiriam fora dos zoológicos se não os criássemos por causa de sua carne, leite e ovos – permanecem estranhamente indiferentes à infindável e enorme provação dos vegetais que mantemos em cativeiros ou capturamos selvagens. Consideremos, por um momento, o que as plantas sofrem em nossas mãos. Nós as procriamos com implacável seletividade, as assediamos, atormentamos e envenenamos, as amontoamos em vastas monoculturas, cuidando de seu bem-estar apenas na medida em que afeta nossos desejos, criando muitas meramente por seus subprodutos, como sementes, flores ou frutos. E as abatemos sem pensar em seu sofrimento quando "colhidas", extirpadas, arrancadas vivas de sua terra ou ramo, cortadas, picadas, ceifadas, dilaceradas – ou quando "cozidas", jogadas para morrer em água fervente, óleo ou em um forno –, ou, pior de tudo, comidas cruas, enfiadas em uma boca humana, mastigadas por dentes humanos e engolidas, muitas vezes ainda vivas.

Você acha que um feijão está morto porque você o comprou na loja em uma sacola plástica? Que uma cenoura está morta porque está na geladeira há algum tempo? Você já plantou alguns desses feijões em terra úmida e esperou uma semana ou duas? Já colocou o topo da cenoura em um pires de água fresca e esperou uma semana ou duas?

A vida em uma planta pode ser menos visível, mas muito mais intensa e durável do que a vida em um animal. Se você colocar uma ostra em um pires de água doce e guardá-la por uma semana, o resultado será bem diferente.

Por que, então, se é imoral sujeitar uma ostra à degradação de se tornar alimento, é irrepreensível, mesmo virtuoso, fazer a mesma coisa com uma cenoura ou um pedaço de tofu?

"Porque a cenoura não sofre", diz o vegano. "Os grãos de soja não têm sistema nervoso. Eles não sentem dor. As plantas não têm sentimentos."

Isso é exatamente o que muitas pessoas disseram sobre os animais durante milênios, e o que muitas ainda dizem sobre os peixes. Como a ciência devolveu a nós – a alguns de nós – a consciência de nossa animalidade, fomos forçados a reconhecer que todos os animais superiores sofrem dor e medo pelo menos tão intensamente quanto nós. Mas assim como antes usávamos mal a ciência para sustentar a afirmação de que os animais são máquinas sem mentes, agora usamos mal a ciência para sustentar a afirmação de que as coisas vivas não animais – plantas – não têm sentimentos.

Não sabemos nada disso.

A ciência só agora começou a investigar a sensibilidade e a comunicação das plantas. Os resultados ainda são escassos, mas positivos, fascinantes e estranhos. Os mecanismos e processos, sendo tão diferentes dos sentidos e do sistema nervoso dos animais, mal são compreendidos. Mas até agora o que a ciência tem a dizer sobre o assunto não justifica a conveniente crença de que as plantas não sentem nada. Não sabemos o que a cenoura sente.

Na verdade, não sabemos o que a ostra sente. Não podemos perguntar a opinião da vaca sobre ser ordenhada, embora possamos supor que, se seu úbere estivesse cheio, talvez ela sentisse alívio. As suposições que fazemos sobre todos os outros seres vivos são, em sua maioria, em nossa própria vantagem. E talvez a mais arraigada delas seja que as plantas não sentem, são irracionais e burras; logo, "inferiores aos" animais, "aqui para nosso uso". Esse juízo rápido permite até mesmo aos mais ternos de nós desrespeitar as plantas, matar vegetais sem misericórdia, nos parabenizarmos pela pureza de nossa consciência durante o próprio ato de devorar insensivelmente um talo de couve jovem ou um tenro, delicado, encaracolado, vivo, jovem broto de ervilha.

Acredito que a única maneira de evitar tal hipocrisia cruel e alcançar a verdadeira clareza de consciência é se tornando um Ogan.

É uma pena que o movimento Ogan, por seus princípios e natureza, esteja fadado a ter, em cada caso individual, uma vida um tanto curta. Mas certamente os primeiros mártires da causa inspirarão multidões a segui-los ao renunciar à prática grosseiramente antinatural de sustentar a vida comendo outros seres vivos ou seus subprodutos. Oganos, ingerindo apenas a pureza não adulterada do O na esfera da atmosfera e no H_2O, viverão em verdadeira amizade com todos os animais e todos os vegetais e pregarão orgulhosos seu credo durante o máximo de tempo que puderem. Poderá ser por diversas semanas, às vezes.

Crença na crença

Fevereiro de 2014

É possível comprar pedras nas quais são esculpidas palavras cuja intenção é inspirar – AMOR, ESPERANÇA, SONHO etc. Algumas têm a palavra ACREDITE. Elas me intrigam. A crença é uma virtude? É desejável em si mesma? Será que não importa no que você acredita, desde que acredite em alguma coisa? Se eu acreditasse que os cavalos se transformam em alcachofras às terças-feiras, seria melhor do que duvidar disso?

Charles Blow escreveu um belo editorial no *New York Times*, em 3 de janeiro de 2014, "Indoctrinating Religious Warriors" [Doutrinando guerreiros religiosos], acusando o uso da religião por parte dos republicanos radicais com o intuito de confundir as opiniões em relação a questões de fato e seu sucesso nisso. Ele usou um relatório Pew de 30 de dezembro de 2013 para fornecer esta estatística desanimadora:

> No ano passado [...] a porcentagem de democratas que acreditavam na evolução aumentou um pouco, chegando a 67%,

e a de republicanos que acreditam despencou para 43%. Agora, mais republicanos acreditam que "os seres humanos e outros seres vivos existem em sua forma atual desde o início dos tempos" em vez de acreditar na evolução.

Bom, por mais que eu respeite a inteligência aguçada e a compaixão confiável de Charles Blow, sua escolha de palavras aqui me preocupa. Por quatro vezes nesse parágrafo ele usa o verbo *acreditar* de uma forma que implica que a credibilidade de uma teoria científica e a credibilidade de uma escritura religiosa são comparáveis.

Não penso que sejam. E quero escrever sobre isso porque concordo com ele que questões de plausibilidade factual e crença espiritual estão sendo – de maneira cínica ou inocente – confundidas, e precisam ser desentrelaçadas.

Não fui capaz de encontrar a formulação exata das perguntas feitas na pesquisa Pew.

Seu relatório usa a palavra *pensar* com mais frequência do que *acreditar* – as pessoas "pensam" que seres humanos e outros seres evoluíram com o tempo ou "rejeitam a ideia".

Essa linguagem me tranquiliza um pouco. Pois se um pesquisador me perguntasse: "Você acredita na evolução?", minha resposta teria que ser "Não".

Eu deveria me recusar a responder, é claro, porque uma pergunta sem sentido só tem respostas sem sentido. Perguntar se acredito na evolução, na mudança, faz tanto sentido quanto perguntar se acredito nas terças-feiras ou nas alcachofras. A palavra *evolução* significa mudança, algo transformando-se em alguma outra coisa. Acontece o tempo todo.

O problema aqui é o nosso uso da palavra *evolução* para significar a *teoria da evolução*. Essa abreviação provoca um curto-circuito mental: ela estabelece um falso paralelo entre uma hipótese (que concerne a um fato observado) e uma revelação (de Deus, tal como registrada na Bíblia hebraica) – que é então reforçada pelo nosso uso frouxo da palavra *acreditar*. Eu não *acredito* na teoria da evolução de Darwin. Eu a *aceito*. Não se trata de uma questão de fé, mas de evidência. Todo o empreendimento da ciência é lidar, da melhor forma possível, com a realidade. A realidade das coisas e eventos reais no tempo está sujeita à dúvida, à hipótese, à prova e à refutação, à aceitação e à rejeição – não à crença ou à descrença.

A crença tem sua existência própria e poderosa nos domínios da mágica, da religião, do medo e da esperança.

Não vejo nenhuma oposição entre aceitar a teoria da evolução e acreditar em Deus. A aceitação intelectual de uma teoria científica e a crença em uma divindade transcendente têm pouca ou nenhuma sobreposição: nenhuma das duas pode sustentar ou contradizer a outra. Elas surgem de maneiras profundamente diferentes de olhar o mesmo mundo – maneiras diferentes de chegar à realidade: a material e a espiritual. Elas podem coexistir e de fato muitas vezes coexistem em perfeita harmonia.

O literalismo extremo na leitura de textos religiosos torna difícil qualquer tipo de pensamento. Ainda assim, mesmo que se acredite que Deus criou o Universo em seis dias há alguns milhares de anos, pode-se tomar isso como uma verdade espiritual não afetada pela evidência material de que o Universo tem bilhões de anos. E vice-versa: como Galileu sabia, embora os inquisidores não soubessem, se a Terra gira em torno do Sol ou se o Sol gira em torno da Terra não afeta, de uma maneira ou outra, a crença de que Deus é o centro espiritual de tudo.

A ideia de que apenas a crença vê o mundo como maravilhoso, e os "fatos duros e frios" da ciência retiram toda a sua cor e maravilha, a ideia de que o entendimento científico automaticamente ameaça e enfraquece a percepção religiosa ou espiritual, é apenas bobagem.

Parte da bobagem surge do ciúme profissional, da rivalidade e do medo – sacerdote e cientista competindo pelo poder e pelo controle das mentes humanas. Arengas ateístas e fundamentalistas soam muito parecidas: apaixonadas, parciais, falsas. Minha impressão é que os cientistas em atividade, quer pratiquem ou não uma religião, em sua maioria aceitam a coexistência da religião, sua primazia em sua própria esfera, e continuam com o que estão fazendo. Mas alguns cientistas odeiam a religião, temem-na e a atacam. E alguns sacerdotes e pastores, querendo que sua esfera de influência inclua tudo e todos, reivindicam a primazia absoluta da revelação bíblica sobre os fatos materiais.

Assim, ambos constroem uma armadilha fatal para o crente: se você acredita em Deus, não pode acreditar na evolução, e vice-versa.

Mas isso é como dizer que se você acredita na terça-feira, não pode acreditar em alcachofras.

Talvez o problema seja que os crentes não consigam acreditar que a ciência não envolva a crença. E, assim, confundindo conhecimento com hipótese, fatalmente entendem mal o que é e o que não é conhecimento científico.

Uma hipótese científica é uma afirmação preliminar de conhecimento baseada na observação da realidade e na coleta de evidências factuais que a sustentam. Afirmações sem conteúdo factual (crenças) são simplesmente irrelevantes para uma hipótese. Mas uma hipótese está sempre sujeita à refutação. A única maneira de refutá-la é apresentar fatos observados que a refutem.

Até agora, as evidências sustentam plenamente a hipótese de que a Criação vem mudando desde a sua origem, que na Terra os seres vivos, adaptando-se à mudança, evoluíram através dos éons, de organismos unicelulares a uma vasta profusão de espécies, e que ainda estão se adaptando e evoluindo neste momento (como se pode ver na evolução das espécies de fringilídeos em Galápagos, na coloração de mariposas, na reprodução cruzada de corujas *Strix varia* e *Strix occidentalis* ou em uma centena de outros exemplos).

No entanto, para a mente científica rigorosa, a teoria da evolução não é conhecimento absoluto. Exaustivamente testada e apoiada por evidências como ela é, é uma teoria: a observação adicional sempre pode alterá-la, melhorá-la, refiná-la ou ampliá-la. Não é um dogma, um artigo de fé, mas uma ferramenta. Os cientistas usam-na, agem de acordo com ela, até mesmo defendem-na como se acreditassem nela, mas não fazem isso porque a tomam por fé. Eles a aceitam, a usam e a defendem contra ataques irrelevantes porque até agora ela tem resistido a tentativas maciças de refutação e porque funciona. Ela faz um trabalho necessário. Explica coisas que precisavam ser explicadas. Leva a mente a novos domínios de descoberta factual e de imaginação teórica.

A teoria de Darwin amplia vastamente nossa percepção da realidade – nosso conhecimento sempre preliminar. Visto que a testamos e podemos testá-la, sempre sujeitando-a a modificações à medida que aprendemos mais, podemos aceitá-la como verdadeiro conhecimento – uma visão grande, valiosa e bela. Não uma verdade revelada, mas uma verdade alcançada.

No reino do espírito, parece que não podemos alcançar o conhecimento. Só podemos aceitá-lo como um dom: o dom da crença. *Crença* é uma palavra grandiosa, e uma verdade acreditada também pode ser grandiosa e bela. Aquilo em que se acredita importa demais.

Gostaria que pudéssemos parar de usar a palavra *crença* em questões de fato, deixando-a no lugar a que ela pertence, em questões de fé religiosa e esperança secular. Acredito que evitaríamos muita dor desnecessária se fizéssemos isso.

Sobre a raiva

Outubro de 2014

I. SAEVA INDIGNATIO

Nos dias de conscientização da segunda onda do feminismo, tratamos a raiva como algo muito importante, a raiva das mulheres. Nós a elevamos e a cultivamos como uma virtude. Aprendemos a nos orgulhar da raiva, a ostentar nossa ira, a fazer o papel de Fúria.

Fizemos bem em agir assim. Estávamos dizendo às mulheres que acreditavam dever suportar pacientemente insultos, injúrias e abusos que elas tinham todos os motivos para estar com raiva. Estávamos incitando as pessoas a sentir e ver a injustiça, os maus-tratos metódicos a que as mulheres eram submetidas, o desrespeito quase universal aos direitos humanos das mulheres; e a ofender-se e a recusar aceitar isso, por si mesmas e por outras. A indignação, expressa à força, é uma resposta apropriada à injustiça. A indignação retira sua força do ultraje, e o ultraje retira sua força da raiva. Há uma época boa para a raiva, e aquela foi tal época.

A raiva é uma ferramenta útil, talvez indispensável, para motivar a resistência à injustiça. Mas ainda acho que é uma arma – uma ferramenta útil somente no combate e na legítima defesa.

As pessoas para as quais o domínio masculino é importante ou essencial temem a resistência das mulheres, portanto a raiva das mulheres. Elas reconhecem uma arma quando a veem. A retaliação foi imediata e previsível. Aqueles para quem os direitos humanos consistem nos direitos dos homens rotulavam toda mulher que clamava por justiça de bruxa intolerante que odiava os homens e queimava sutiãs. Com grande parte da mídia apoiando esse ponto de vista, eles conseguiram degradar o significado das palavras *feminismo* e *feminista*, identificando-as com a intolerância a ponto de torná-las quase inúteis, mesmo agora.

A extrema-direita gosta de ver tudo em termos de guerra. Se olharmos para o feminismo dos anos 1960-1990 dessa maneira, é possível dizer que funcionou de modo parecido com a Segunda Guerra Mundial: as pessoas que perderam acabaram conseguindo um bom acordo. Hoje em dia, a dominação masculina explícita é menos dada como certa; a diferença no salário líquido por gênero é um pouco menor; há mais mulheres em certos tipos de cargos de liderança, particularmente no ensino superior; dentro de certos limites e em certas circunstâncias, as meninas podem agir de forma emproada e as mulheres podem presumir a igualdade em relação aos homens. Como dizia o velho anúncio com a bonitona convencida fumando um cigarro, "Você chegou longe, baby".

Ah, nossa, obrigada, chefe. Obrigada também pelo câncer de pulmão.

Talvez – para seguir a metáfora do berçário em vez daquela do campo de batalha –, se o feminismo era o bebê, agora ele já passou do estágio em que a única maneira de chamar a atenção para suas necessidades e injustiças eram raiva, birras, impulsividade e quebra-quebra. Na causa dos direitos de gênero, a mera raiva agora raramente mostra-se uma ferramenta útil. A indignação ainda é a resposta certa ao desrespeito, mas no clima moral atual, parece ser mais eficaz quando expressa por comportamentos e ações moralmente comprometidos, constantes, estáveis e resolutos.

Isso fica claramente visível na questão do direito ao aborto, em que a inabalável não violência de quem defende os direitos enfrenta protestos, ameaças e violência dos que se opõem. Os oponentes não acolheriam, senão, a violência. Se a NARAL* descarregasse sua raiva como fazem os porta-vozes do Tea Party, se as clínicas brandissem armas de fogo para se defender dos manifestantes armados, os oponentes do direito ao aborto na Suprema Corte dificilmente teriam que se preocupar em desmantelar *Roe vs. Wade*, como estão fazendo. A causa já estaria perdida.

Conforme o cenário atual, *Roe* pode sofrer uma derrota, mas se nós, que a apoiamos, mantivermo-nos firmes, ela nunca será perdida.**

A raiva aponta de modo poderoso para a negação dos direitos, mas o exercício dos direitos não pode viver e prosperar com a raiva. Ele vive e prospera na busca obstinada por justiça.

---

* A NARAL Pro-Choice America, fundada em 1969, é a organização sem fins lucrativos mais antiga dos Estados Unidos ainda em atividade a defender a causa dos direitos reprodutivos. [N. de T.]

** Em 24 de junho de 2022, a Suprema Corte dos Estados Unidos, de maioria conservadora, revogou a decisão conhecida como "Roe vs. Wade", que desde 1973 garantia o direito ao aborto às mulheres de todo o país. A resolução não proibiu o procedimento, mas devolveu aos estados o poder de legislar sobre o tema. [N. de E.]

Se as mulheres que valorizam a liberdade forem novamente arrastadas para um conflito aberto com a opressão, forçadas a nos defender contra a reimposição de leis injustas, teremos que recorrer à raiva como uma arma mais uma vez: mas ainda não chegamos a esse ponto, e espero que nada do que fizermos agora aproxime-nos mais disso.

A raiva que continua para além de sua utilidade torna-se injusta, depois perigosa. Zelada por sua própria causa, valorizada como um fim em si, ela perde seu objetivo. Alimenta não o ativismo positivo, mas a regressão, a obsessão, a vingança, a certeza moral. Corrosiva, devora-se a si mesma, destruindo seu hospedeiro no processo. O racismo, a misoginia e a contrarracionalidade do direito reacionário na política norte-americana dos últimos anos é uma exibição assustadora da força destrutiva da raiva deliberadamente nutrida pelo ódio, encorajada a governar o pensamento, convidada a controlar o comportamento. Espero que nossa república sobreviva a essa orgia de ira autoindulgente.

II. RAIVA PESSOAL

Estive falando do que se poderia chamar de raiva pública, raiva política. Mas continuei pensando sobre o assunto como uma experiência pessoal: enfurecer-se. Ficar com raiva. E acho o assunto muito perturbador, porque embora eu queira me ver como uma mulher de sentimentos fortes, mas instintos pacíficos, tenho que me dar conta da frequência com que a raiva alimenta meus atos e pensamentos, de quão frequentemente me entrego a ela.

Sei que a raiva não pode ser reprimida indefinidamente sem incapacitar ou corroer a alma. Mas não sei quão útil ela é a longo prazo. A raiva pessoal deve ser encorajada?

Considerada uma virtude, manifestada livremente todas as vezes, como queríamos que fosse a raiva das mulheres contra a injustiça, o que ela faria?
Certamente uma explosão de raiva pode purificar a alma e limpar o ar. Mas a raiva cultivada e nutrida passa a agir como raiva reprimida: começa a envenenar o ar com sede de vingança, maldade, desconfiança, gerando uma prole de rancor e ressentimento, remoendo incessantemente as causas do rancor e a retidão do ressentimento. Uma breve e aberta expressão de raiva no momento certo, voltada a seu verdadeiro alvo, é eficaz – a raiva é uma boa arma. Mas uma arma é apropriada, justificada, apenas por uma situação de perigo. Nada justifica intimidar a família todas as noites com raiva na mesa do jantar, dar um chilique para resolver a discussão sobre qual canal de TV assistir ou expressar frustração colando na traseira do veículo à frente e depois ultrapassá-lo pela direita a 130 km/h gritando VÁ SE FODER.
Talvez o problema seja o seguinte: quando ameaçados, puxamos nossa arma, a raiva. E quando a ameaça passa ou evapora, a arma ainda está em nossas mãos. E as armas são sedutoras, até mesmo viciantes; elas nos prometem força, segurança, domínio...

Em busca de fontes positivas ou aspectos da minha própria raiva, reconheci um deles: o autorrespeito. Quando sou menosprezada ou objeto de condescendência, inflamo-me em fúria e ataco naquele momento, naquele lugar. Não sinto nenhuma culpa por isso.
Mas, muitas vezes, acontece de ter sido um mal-entendido – o desrespeito não foi intencional ou foi uma mera falta de jeito percebida como menosprezo. E mesmo que tenha sido intencional, e daí?

Como disse minha tia-avó Betsy sobre uma mulher que a esnobou: "Tenho pena de seu mau gosto".

No mais das vezes, minha raiva está ligada menos ao autorrespeito do que aos negativos: inveja, ódio, medo.

O medo, em uma pessoa com o meu temperamento, é endêmico e inevitável, e não posso fazer muito a esse respeito a não ser reconhecê-lo pelo que é e tentar não deixar que ele me governe por inteiro. Se eu estiver irritada e consciente disso, sou capaz de me perguntar: "Então, do que você tem medo?". Isso me dá um lugar de onde olhar para a minha raiva. Às vezes, isso me ajuda a desanuviar o ambiente.

A inveja enfia seu sórdido focinho amarelo-esverdeado principalmente em minha vida como escritora. Tenho inveja de outros escritores que voam para o sucesso em asas de louvor, sinto uma raiva desdenhosa deles, das pessoas que os elogiam – caso não goste da escrita deles. Gostaria de chutar Ernest Hemingway por fingir e fazer pose quando tinha o talento para ser bem-sucedido sem fingir. Rosno para o que percebo ser uma superestimação interminável de James Joyce. A consagração de Philip Roth me enfurece. Mas toda essa raiva invejosa surge apenas se eu não gostar do que escrevem. Se eu gosto da escrita de um escritor, o louvor a ele ou ela me faz feliz. Posso ler apreciações infinitas de Virginia Woolf. Um bom artigo sobre José Saramago faz meu dia. Portanto, evidentemente, a causa da minha raiva não é tanto inveja ou cobiça, mas, mais uma vez, medo. Medo de que se Hemingway, Joyce e Roth forem realmente "os maiores", não há modo de eu algum dia ter sido muito boa ou considerada uma grande escritora – porque não há como eu vir a escrever alguma coisa como aquelas que eles escrevem ou agradar aos leitores e críticos que eles agradam.

A besteira circular disso é evidente por si só, mas minha insegurança é incurável. Felizmente, ela só entra em funcionamento quando leio sobre escritores de que não gosto, nunca quando estou de fato escrevendo. Quando estou trabalhando em uma história, nada poderia estar mais distante da minha mente do que as histórias, o estatuto ou o sucesso de qualquer um.

A conexão da raiva com o ódio é certamente muito complicada, e eu não a entendo de forma alguma, mas novamente o medo parece estar envolvido. Caso não se tenha medo de alguém ou de algo ameaçador ou desagradável, é possível, como regra, desprezá-lo, ignorá-lo ou até mesmo esquecê-lo. No caso de temê-lo, é preciso odiá-lo. Acho que o ódio usa a raiva como combustível. Não sei. Não gosto muito de ir a esse lugar.

No entanto, o que estou tirando dele parece ser uma ideia pervasiva de que a raiva está ligada ao medo.

Meus medos resumem-se ao medo de não estar segura (como se alguém, em algum momento, estivesse seguro) e de não estar no controle (como se eu alguma vez estivesse no controle). O medo de não estar segura e no controle expressa-se como raiva ou usa a raiva como um tipo de negação do medo?

Uma visão da depressão clínica explica-a como tendo origem na raiva reprimida. A raiva volta-se, talvez, contra o eu, porque o medo – medo de que lhe façam mal e medo de fazer mal – impede que a raiva volte-se contra as pessoas ou contra as circunstâncias que a causam.

Se assim for, não é de admirar que muitas pessoas estejam deprimidas, e não é de admirar que tantas delas sejam mulheres. Elas estão vivendo com uma bomba que não explodiu.

Então, como se desarma a bomba, ou quando e como se pode explodi-la com segurança, mesmo de forma útil?

Uma vez um psicólogo informou minha mãe de que não se deve punir uma criança quando estiver com raiva. Para ser útil, disse ele, o castigo deve ser administrado com calma, com uma explicação clara e racional para a criança sobre a causa do castigo. Nunca bata em uma criança com raiva, disse ele.

"Soava tão certo", disse minha mãe. "Mas então eu pensei – ele estava me dizendo para bater em uma criança quando eu *não estivesse com raiva*?"

Isso foi pouco depois que minha filha Caroline, uma criança de 2 anos, de natureza doce e afetuosa, aproximou-se de mim enquanto a família estava sentada no pátio do lado de fora da casa de meus pais; ela sorriu para mim de forma bastante incerta e me mordeu com força na perna.

Meu braço esquerdo girou para fora com o dorso inteiro da minha mão e a derrubou como uma mosca. Ela não se machucou, mas ficou imensamente surpresa.

Houve então, é claro, muitas lágrimas, muitos abraços, muitas consolações. Não houve desculpas de nenhum dos lados. Só senti culpa por bater nela mais tarde. "Aquilo foi terrível", disse eu à minha mãe. "Não pensei! Só bati."

Minha mãe então me contou sobre o que o psicólogo lhe havia dito. E ela falou: "Quando seu irmão Clifton tinha 2 anos, ele me mordeu. E continuou fazendo isso. Eu não sabia o que fazer. Achei que não devia castigá-lo. Finalmente, simplesmente explodi, dei uma bofetada nele. Ele ficou muito surpreso, como Caroline. Acho que nem chorou. E parou de me morder".

Se há uma moral neste conto, não sei qual é.

Percebo, na vida das pessoas que conheço, o quanto a raiva é incapacitante quando é profundamente suprimida e intensa. Ela vem da dor e causa dor.

Talvez o prolongado "festival de crueldade" presente em nossa literatura e em nosso cinema seja uma tentativa de livrar-se da raiva reprimida exprimindo-a, realizando-a simbolicamente. Dê um chute no traseiro de todos o tempo todo! Torture o torturador! Descreva cada agonia! Exploda tudo de novo e outra vez!

Essa orgia de violência simulada ou "virtual" alivia a raiva ou aumenta o peso da carga de medo e dor que a causa? Para mim, aumenta, o que me deixa doente e me assusta. A raiva que tem tudo e todos indiscriminadamente como alvo é a raiva fútil, infantil e psicótica do homem com um rifle automático atirando em crianças nas creches e pré-escolas. Não consigo enxergar isso como um modo de vida, nem mesmo de vida simulada.

Você percebe a raiva no meu tom? A indulgência com raiva desperta raiva.

Contudo, a raiva reprimida gera raiva.

Qual é a maneira de usar a raiva para alimentar algo além da mágoa, para afastá-la do ódio, da vingança, da certeza moral e fazê-la servir à criação e à compaixão?

Os anais de Pard

Uma educação incompleta

Julho de 2015

Quinta-feira passada, à noite, Pard me acordou por volta das três da manhã trazendo um camundongo real e vivo para a cama a fim de que eu pudesse brincar com ele também.

Foi a terceira vez que fez isso, sempre por volta das três da manhã. Pela terceira vez (já com certa prática), atirei gato e camundongo para fora do leito com uma convulsão gigante de roupas de cama. Tanto gato quanto camundongo continuaram a correr energicamente pelo quarto, engalfinha engalfinha emudece escapole escapa emudece engalfinha... Desta vez, não fiquei para ver o fim. Fugi pelo corredor para outro quarto e fechei a porta.

Pela manhã, Pard andava para cima e para baixo pelo corredor todo feliz e inocente, perguntando-se por que eu estava naquele quarto.

Nenhum sinal do camundongo.

Da última vez, não houve nenhum sinal do que aconteceu com o camundongo. Presumi que tivesse escapado, daquela vez e desta.

Mas na sexta-feira à noite, Pard me acordou por volta das três da manhã vasculhando com persistência a base da luminária de chão do meu quarto, fazendo ruídos irritantes e me deixando preocupada de que pudesse derrubá-la, ainda que a base seja um disco de latão grande e pesado. Impossível voltar a dormir com tudo isso acontecendo. Eu o peguei e tranquei-o fora do quarto.

Não adianta tentar fechar Pard e um rato, porque o vão da porta é tão alto que o rato pode correr de volta para dentro, deixando Pard de fora, então Pard vai balançar a porta e chorar.

Mas dessa vez, quando eu o fechei do lado de fora, Pard apenas seguiu pelo corredor e foi dormir no outro quarto. Indiretamente, isso me disse algo sobre o rato.

Pard é um excelente caçador, mas como mencionei em um post anterior, não sabe que deve matar a presa, nem, evidentemente, sabe como fazer isso. Seus instintos e habilidades são impecavelmente felinos, mas sua educação foi incompleta.

Na manhã de sábado, uma vez de pé, vestida e mais ou menos atenta, levantei a pesada base da lâmpada e olhei para baixo dela. Com certeza, o pobre ratinho morto estava lá. Em seu último refúgio. Ferimento, terror, exaustão. Tudo pode ser mortífero.

Escrevi um poema para o rato. Ainda não sei se está pronto, continuo movendo linhas e mudando pedaços, mas aqui está em sua forma atual.

Palavras para os mortos

Camundongo que meu gato matou
migalha cinza em uma pá

carregada para o lixo
À sua alma, digo eu:
Sem ninguém de quem se esconder
corre agora, dança
dentro das paredes
da grande casa
E ao seu corpo:
Dentro do corpo
da grande terra
em ilimitado ser
repousa

Uma educação incompleta, continuada

Janeiro de 2015

Ontem à noite, antes do jantar, estávamos lendo em voz alta *The Beginning of Spring*, de Penelope Fitzgerald, quando Pard chegou trotando pela sala de estar de uma forma atipicamente feral: corpo próximo do chão, cauda para baixo, cabeça em posição, pupilas pretas bem dilatadas. E, claro, um pequeno camundongo em sua boca. Ele o colocou no chão, soltou, pegou novamente e trotou de volta para a cozinha, a minúscula cauda preta pendurada na boca. Continuamos, austeros, com Penelope. Depois de um tempo, Pard retornou sem camundongo e com um ar de quem não fazia ideia do que estava acontecendo. Ele se afastou e nós decidimos, ou desejamos, que tivesse perdido o camundongo.

Quando estávamos prestes a lavar a louça, Pard reapareceu com o camundongo. Agora a presa estava nitidamente menos ativa, mas ainda viva. Pard estava confuso, perturbado e sem propósito, como sempre acontece quando apanha um camundongo: totalmente possuído pelo comando instintivo de caçar, apanhar, trazer a captura para a família como troféu, brinquedo ou comida, mas sem qualquer instinto ou instrução sobre como prosseguir até matar.

Um gato com um camundongo: o exemplo clichê de crueldade. Quero dizer com clareza que não acredito que nenhum animal seja capaz de crueldade. A crueldade implica a consciência da dor do outro e a intenção de causá-la. É uma especialidade humana que continuamos a praticar, aperfeiçoar e institucionalizar, embora raramente nos vangloriemos dela. Preferimos renegá-la, chamando-a de "desumanidade", atribuindo-a aos animais. Não queremos admitir a inocência dos animais, o que revela nossa culpa.

Para mim, teria sido possível pegar o rato e levá-lo para fora a fim de poupar-lhe algum sofrimento. (Não para Charles, porque depois de uma operação há pouco tempo, ele foi proibido de se abaixar.) Eu sequer tentei. Para fazer algo assim, teria que estar altamente motivada, e não estou. Não me sinto culpada, tampouco envergonhada, por isso, apenas infeliz com toda a situação.

Nunca fui capaz de me meter entre um gato e sua presa. Quando tinha uns 12 anos, nosso gato pegou um pardal no gramado. Dois de meus irmãos e meu pai estavam lá. Os três gritaram com o gato, tentaram afastar o pássaro dele e foram bem-sucedidos, em uma nuvem de penas e confusão. Lembro-me claramente, porque tinha ciência clara de meus sentimentos na época, de minha recusa em me juntar aos gritos, às repreensões e à disputa. Eu desaprovava. Pensei que o assunto era entre o pássaro e o gato, e não tínhamos nada que interferir naquilo. Pode parecer muito frio, e talvez seja. Há algumas outras questões de vida e morte para as quais tenho uma resposta igualmente imediata, absoluta e imperativa – é certo fazer isso ou errado fazer aquilo – que não é afetada pela preferência pessoal ou pela ternura, que não tem nada a ver com razões da consciência e não pode ser justificada pelos argumentos da moralidade comum. Mas também não pode ser abalada por eles.

Nossa débil solução para Pard e o problema do camundongo foi fechá-los na cozinha, deixando que resolvessem à sua própria maneira. (E a louça para ser lavada pela manhã.) O que o camundongo precisava era encontrar o buraco pelo qual havia entrado. A caixa de Pard fica na varanda da cozinha e sua tigela de água, no chão da cozinha, então ele tinha tudo de que precisava. E, mais que isso, o problema era dele.

E menos nosso. Ele é um gato muito dependente de humanos. Está quase sempre discretamente por perto. Tem acessos de voo ao nível dos olhos, de propagação do caos nas colchas, de galope louco pelas escadas, de saltos para trás com pernas duras e costas arqueadas com cauda enorme e olhos reluzentes no corredor à sua frente sem nenhuma razão, mas a maior parte das vezes ele está em algum lugar tranquilo, perto de um de nós. De olho em nós ou dormindo. (Neste momento, está apagado em seu amado lenço Moebius ao lado da máquina do tempo, a cerca de 45 centímetros do meu cotovelo direito). As noites, ele as passa quase sempre em minha cama, em torno dos meus joelhos.

Então eu sabia que sentiria falta dele na noite passada e que ele sentiria a minha. E sentimos. Levantei para fazer xixi por volta das duas da manhã e, de longe, pude ouvi-lo chorar suavemente lá embaixo, na cozinha. Durante todo o percurso da ONG para casa, na caixa de transporte, ele miava e uivava com pompa, mas desde então nunca mais levantou a voz. Mesmo quando fechado sem querer no porão, ele apenas fica parado diante da porta e chora suavemente, *Miau?*, até que alguém o ouça.

Endureci meu coração, voltei para a cama e me senti mal até as 3h30.

Pela manhã, ao me vestir, ouvi *Miau?* de novo, então me vesti rapidamente, apressei-me e abri a porta da cozinha. Lá estava Pard, ainda intrigado, ainda ansioso, mas com a cauda no ar para me cumprimentar e tomar o café da manhã.

Nada de camundongo.

Esses capítulos da saga hoje em dia quase sempre terminam em mistério. Um mistério infeliz.

Um resultado, talvez, da relação apenas parcialmente trabalhada entre dois modos de ser imensamente diferentes, o humano e o felino. O gato selvagem e o camundongo selvagem têm uma conexão clara, altamente desenvolvida e bem compreendida – predador e presa. Mas a relação de Pard e seus antepassados com os seres humanos tem interferido em seus instintos, confundindo aquela clareza feroz, domesticando-a pela metade, deixando gato e sua presa em um lugar insatisfatório e infeliz.

Pessoas e cães têm moldado o caráter e o comportamento uns dos outros há trinta mil anos. Pessoas e gatos têm trabalhado para se transformar uns aos outros há apenas um décimo desse tempo. Ainda estamos nos estágios iniciais. Talvez seja por isso que é tão interessante.

Ah, mas esqueci a parte esquisita! Depois de ter descido correndo hoje de manhã, assim que cheguei à porta da cozinha, vi um triângulo branco no chão embaixo dela, um pedaço de papel. Uma mensagem havia sido empurrada por debaixo da porta.

Fiquei de pé e olhei fixamente para ela.

Será que diria "Por favor, me deixe sair", em gatês?

Peguei e vi o número de telefone de um amigo rabiscado a lápis. O pedaço de papel havia caído da mesa de telefone no corredor da cozinha. Pard ainda estava dizendo *Miau?* muito educadamente atrás da porta. Então eu a abri. E nós nos reunimos.

Versos mal escritos para meu gato

Suas orelhas são pretas, suas patas são brancas.
Se ele não está por aqui, sinto saudades francas.
Seu ronronar é alto, seu pelo é macio.
Ele suspende o rabo no ar, todo esguio.
Seu andar é tranquilo, seu olhar, intenso.
Ele veste smoking para qualquer evento.
Seu nariz é rosa, seus dedos, de espinho.
Gosto de vê-lo sentar refletindo.
Sua raça é de rua, seu nome é Pard.
Sem ele a vida seria dor que arde.

Parte quatro

Recompensas

As estrelas em órbita, o mar ao redor: Philip Glass e John Luther Adams

Abril de 2014

Todo ano uma das produções da Portland Opera Company é executada pelos cantores do excelente programa de formação da companhia. Em 2012 foi a ópera curta de Philip Glass, *Galileo Galilei*. Há um esplendor nas vozes jovens que difere da pátina do cantor experiente, e essas apresentações sempre têm uma carga extra de tensão e animação.

O cenário arrojado, belo, intrincadamente simples, todo círculos, arcos e luzes em movimento em diferentes planos, veio, acredito, da estreia em Chicago, em 2002. A regente era Anne Manson.

A primeira cena mostra Galileu velho, cego e sozinho. A partir daí, a história segue uma espiral inversa através do tempo, girando de volta leve e incessantemente por seu julgamento, seus triunfos, suas descobertas, até a última cena, na qual um garotinho chamado Galileu senta-se ouvindo uma ópera sobre Órion, a Aurora e os planetas circundantes escrita por seu pai, Vincenzo Galilei. Isso tudo é carregado e sustentado pela música incessantemente repetitiva e em constante mudança, sempre em espiral, jamais em repouso, e ainda movendo-se com a majestade lenta das grandes órbitas, sem referência a qualquer começo ou fim, em uma vasta, alegre continuidade. Ela se move, se move, se move... *E pur si muove*!

Fui arrebatada desde os primeiros movimentos, e ao chegar à última cena dificilmente podia ver o palco por causa das lágrimas de deleite.

Voltamos na noite seguinte e tivemos a mesma experiência radiante. Agora há uma gravação da performance da Portland Opera (Orange Mountain Music, OMM 10091). Escutei-a com profundo prazer e a ouvirei novamente. Mas ainda estou certa de que o verdadeiro poder da ópera, e certamente desta ópera, está na produção real, na presença imediata e viva dos cantores e na interação de suas vozes e da música com os cenários, a iluminação, a ação, os movimentos, os figurinos e a audiência, para criar uma experiência global e irreplicável. Foi assim que todos os grandes compositores de ópera entenderam suas realizações. Gravações, filmes, todos os nossos maravilhosos instrumentos de virtualidade capturam apenas a sombra, evocam apenas uma memória daquela experiência vivida, daquele momento de tempo real.

Uma ópera é uma proposição absurda. É quase impossível que qualquer produção de qualquer ópera seja bem-sucedida. Para muitas pessoas, é claro, nunca é – Tolstói foi uma delas. A música de Philip Glass também é um tanto absurda. Para muita gente, nem sequer é música. Algumas peças dele soam-me mecânicas, mesmo perfunctórias; mas tendo ficado profundamente comovida com o filme *Koyaanisqatsi*, há anos, e com sua ópera *Satyagraha*, sobre Gandhi, a que assisti em Seattle, estou sempre pronta a ouvir o que Glass está fazendo. Para *Galileo* ele teve uma brilhante libretista, Mary Zimmerman, e esteve à altura do desafio. As palavras e ações da peça são luminosamente inteligentes: vão ao coração do que a vida e o pensamento de Galileu significam para nós em termos de conhecimento, coragem e integridade tanto científica quanto religiosa, e ainda demoram-se também na humanidade do homem que se alegrava com sua filha, alegrava-se com o pensamento e o debate, alegrava-se com seu trabalho e suas grandes descobertas, e como recompensa pública recebeu vergonha, silêncio e exílio. É uma grande história, e sombria: no ponto para ópera.

Achei *Galileo* completamente bela. Acho-a tão bela a seu modo quanto o *Orfeo* de Gluck é ao seu. Nenhuma das duas é tão dramática e emocionalmente enorme como as óperas do século 19, mas ambas são completas, inteiras, com cada elemento encaixando-se em uma totalidade estonteante. *Galileo* tem uma grandeza intelectual rara na ópera, mas mesmo isso está a serviço de fazer sentir prazer, verdadeiro prazer – aquele dado por algo nobre, atencioso, profundamente comovente e encantador.

E essa foi a minha primeira ópera do século 21. Que começo maravilhoso!

Apenas dois anos depois, em março passado, a Seattle Symphony trouxe a Portland um concerto que incluía uma peça, *Become Ocean*, encomendada (e bravo por fazê-lo!) do compositor John Luther Adams.

Há compositores demais chamados John Adams. O de San Francisco é mais conhecido no momento, mas achei sua música cada vez mais decepcionante desde a curiosamente desmiolada e insípida ópera *Nixon in China*. Como vive no Alasca, John Luther Adams ainda é marginal não só em relação aos Estados Unidos continentais, mas à fama. Contudo, acredito que isso vá mudar à medida que sua música seja ouvida.

Em *Become Ocean*, a orquestra é dividida no palco em três grupos com instrumentações diferentes. Todos os três tocam continuamente, cada um seguindo seu próprio padrão de tempo, volume e tonalidade. Uma hora um grupo domina e depois outro, o fluxo e refluxo de cada um interpenetrando-se nos outros como correntes no mar. Às vezes, todos estão no refluxo; novamente, seus crescendos sobrepõem-se até que um vasto e profundo tsunami de música avoluma-se sobre os ouvintes, avassalador... e depois abranda-se novamente. As harmonias são complexas, não há melodias propriamente, mas não há momento na obra que seja algo menos que belo. O ouvinte pode render-se ao som ao redor como um navio rende-se às ondas, como as grandes florestas de algas rendem-se ao movimento das correntes e das marés, como o próprio mar rende-se à gravidade da Lua. Quando a música profunda fez seu refluxo final, senti que chegava o mais próximo que já estive de tornar-me de fato um oceano.

Nós nos levantamos para aplaudir, mas não foram muitas as pessoas que o fizeram. O público de Portland tende a ficar de pé automaticamente para um solista, mas ergue-se mais seletivamente para uma mera orquestra. Acho que a resposta foi, até certo ponto, confusa, talvez entediada. *Become Ocean* tem 45 minutos de duração. Um homem perto de nós rosnava sobre não terminar nunca, enquanto eu desejava que nunca terminasse.

Déserts, de Edgard Varèse, veio em seguida no programa, uma peça que obedece hábil e fielmente aos mandatos modernistas da dissonância. Talvez tenhamos por fim ultrapassado o período em que a música séria tinha que almejar pela anti-harmonia e esforçar-se para chocar o ouvido. Nem Glass nem Adams parecem estar seguindo um programa ditado pela teoria; como Gluck ou Beethoven, são inovadores porque têm algo novo a dizer e sabem como dizê-lo. São obedientes apenas às próprias certezas.

Saí de ambos os concertos admirada pelo fato de que, enquanto nossa república se despedaça e nossa espécie se apressa freneticamente em destruir a própria casa, ainda assim continuamos a construir com vibrações no ar, no espírito – a fazer música, essa coisa intangível, bela e generosa.

Ensaio

Abril de 2013

Assistir a um ensaio é uma experiência estranha para a autora do livro no qual a peça se baseia. Palavras que você escutou no ouvido de sua mente há quarenta anos em um pequeno sótão no silêncio da noite são declamadas, de repente, por vozes vivas em um estúdio intensamente iluminado e caótico. Pessoas que você acreditava ter criado, inventado, imaginado, estão lá, nem um pouco imaginárias – sólidas, vivas, respirando. E falam umas com as outras. Não com você. Não mais.

O que existe agora é a realidade que essas pessoas constroem entre elas, a realidade cênica que é tão inapreensível e fugaz como toda experiência, porém mais carregada do que a maioria das experiências com presença intensa, com paixão... até que de repente termina. A cena muda. A peça acaba.

Ou, em um ensaio, o diretor diz: "Isso foi ótimo. Vamos retomar de onde Genly entra".

E eles retomam: a realidade que desapareceu reaparece, eles a constroem entre si, as dúvidas, a confiança, o mal-entendido, a paixão, a dor...

Atores são mágicos.

Todas as pessoas do palco são mágicas, toda a equipe, no palco e atrás dele, trabalhando as luzes, pintando o cenário e tudo mais. Colaboram metodicamente (o ritual deve ser metódico, pois deve ser completo) ao trabalhar a mágica. E conseguem fazer isso com coisas notavelmente improváveis. Nada de capas, varinhas mágicas, olhos de salamandra e alambiques borbulhantes.

Essencialmente, elas o fazem limitando o espaço, movendo-se e falando dentro desse espaço de modo a estabelecer e manter uma Criação Secundária.

Assistir a um ensaio deixa isso especialmente claro. A essa altura, algumas semanas antes da estreia, os atores vestem calças jeans e camisetas. O espaço ritual deles é marcado com tiras e pedaços de fita adesiva no chão. Não há cenário; seus únicos objetos de cena são um par de bancos surrados e tigelas de plástico. Luzes fortes brilham sobre eles de forma constante. A um metro e meio, pessoas movimentam-se em silêncio, comendo salada de uma bacia plástica, verificando uma tela de computador, rabiscando notas. Mas ali, naquele espaço limitado, a magia está sendo feita. Ela acontece. Lá, outro mundo vem a ser. Seu nome é Winter, ou Gethen.

E vejam! O rei está grávido.

Alguém chamada Delores

Outubro de 2010

Uma frase em um conto vem me perturbando. O conto, de Zadie Smith, saiu recentemente na *The New Yorker* (11 de outubro de 2010). Está em primeira pessoa, mas não sei se é ficção ou texto autobiográfico. Muitas pessoas sequer fazem a distinção, agora que a autobiografia toma as liberdades da ficção sem correr os riscos criativos e a ficção reivindica a autoridade da história sem assumir as responsabilidades factuais. Para mim, o eu de uma autobiografia ou de um "ensaio pessoal" é uma questão muito diferente do eu de um conto ou de um romance, mas não sei se Zadie Smith vê as coisas dessa maneira. Por isso, não sei se ela está falando como personagem de ficção ou como ela mesma quando, no final de sua história sobre um empréstimo aparentemente não pago a uma amiga, ela diz: "O primeiro cheque chegou rapidamente, mas somou-se a uma pilha de correspondência não aberta porque hoje em dia pago alguém para fazer isso".

O implacável editor no meu rombencéfalo perguntou de pronto: "Você paga alguém para não abrir a correspondência?". Silenciei o réptil intrometido, mas a frase continuou a me incomodar. "Hoje em dia pago alguém para fazer isso."

O que há de errado nisso? Bem, acho que é o "alguém". Alguém é ninguém. O ninguém sem nome contratado para responder à correspondência de alguém com nome.

Então, a essa altura, começo a esperar que a história seja ficção e, portanto, que a narradora não seja Zadie Smith, porque isso não soa como a voz de uma escritora altamente sensível a preconceitos de classe e de cor. De fato, lembrava-me da esposa do reitor, quando eu era uma humilde esposa de professor assistente; ela não conseguia deixar de mencionar "minha empregada doméstica" a cada 5 minutos, tamanho o estado de admiração por si mesma por ter a casa grande que exigia manutenção e uma empregada doméstica para mantê-la. Mas isso era tolo, ingênuo, como o sr. Collins continuamente mencionando "minha protetora, lady Catherine de Bourgh". A afirmação "hoje em dia pago alguém para fazer isso" tem um toque mais pesado.

E daí? Por que uma escritora de grande sucesso não deveria contratar empregados e dizer isso? E por que eu me sinto ofendida?

Inveja, claro, em primeiro lugar. Tenho inveja das pessoas que contratam um servo com perfeita segurança de retidão moral. Invejo a autoconfiança, mesmo quando não gosto dela. A inveja coexiste muito facilmente com a desaprovação moralista. Na verdade, talvez as duas criaturas sórdidas alimentem-se uma da outra.

E, depois, a irritação. Há um "claro" implícito em "eu pago alguém para fazer isso" e não há nada "claro" nesse assunto. Mas as pessoas pensam que há, e tal tipo de conversa as encoraja a pensar assim – o que me irrita.

É uma ilusão generalizada: uma escritora (uma escritora de sucesso, uma escritora de verdade) não cuida da própria correspondência. Tem uma secretária para fazer isso, assim como ajudantes, copistas, pesquisadores, pessoas para lidar com as coisas – deus sabe o quê –, talvez um buraco de editor na ala leste, como o buraco de padre nas velhas casas britânicas.

Imagino que escritores costumassem ter secretários há um século. Henry James tinha, com certeza. Mas Henry James não era exatamente um escritor mediano, certo?

Virginia Woolf não tinha.

Entre os escritores que conheço pessoalmente, apenas um tem uma secretária que cuida de sua correspondência. Para mim, parece um requinte dos extremamente bem-sucedidos, e de uma magnitude de sucesso que me assusta. A privacidade de estar com minha família e fazer meu trabalho foi de suma importância para mim. Assim, quando comecei a precisar de ajuda para responder às minhas cartas, achei extremamente difícil convencer-me de que a situação estava grave o suficiente para justificar que eu contratasse "alguém", trouxesse uma pessoa estranha ao meu escritório, me constituísse como chefe.

Sempre tive dificuldade em chamar Delores de minha secretária, soava tão pomposo (ecos de "minha empregada doméstica..."). Se eu tivesse que falar sobre ela a estranhos, dizia seu nome, ou "minha amiga que cuida da correspondência". Mas eu sabia que esta última frase era um dos dispositivos levemente desonestos por meio dos quais lidamos com a culpa, uma das maneiras pelas quais tentamos reintroduzir humanidade na relação entre contratante e contratado que, inevitavelmente, em qualquer grau, envolve desigualdade, a elevação de um e a degradação do outro. A democracia, ao negar categoricamente o fato da desigualdade, nos permite, até um ponto surpreendente, agir como se esta não existisse; mas ela existe e nós a conhecemos. Portanto, nosso trabalho é manter a desigualdade de poder a menor possível e recusarmo-nos a permitir que nossa humanidade comum seja reduzida, ainda que ligeiramente, mesmo que por uma palavra descuidada, por uma afirmação de valor desigual. Minha inveja dos escritores que contratam uma pessoa para cuidar da correspondência e minha irritação diante de quem presume que tenho tal ajuda na verdade são bastante leves. Contudo, hoje em dia são dolorosas, porque de fato tive "alguém", mas a perdi.

Delores Rooney, mais tarde Delores Pander, foi minha ajudante e querida amiga.

Há mais ou menos trinta anos, finalmente ganhei coragem e comecei a procurar uma pessoa profissionalmente competente e discreta para dar-me uma mão com minhas cartas, tarefa que ultrapassava minhas forças. Nossa amiga mútua Martha West, que havia trabalhado com Delores como secretária em um escritório, recomendou-a. Na época, ela trabalhava como agente-empresária de uma companhia de dança. Bem nervosas, resolvemos tentar.

Eu nunca tinha ditado nada a ninguém (fora dos cursos de Introdução ao Francês, em que se lê muito devagar e de modo claro um *dicté* em francês para os estudantes, que o escrevem muito devagar e imprecisamente). Delores era estenógrafa autodidata e primorosa nisso – uma habilidade, suponho, quase totalmente perdida hoje –, e havia copiado muitos ditados de muitos ditadores. Treinou-me em como compor uma carta oralmente e encorajou-me com elogios; era uma excelente professora. E também tinha trabalhado e vivido com artistas, pintores, dançarinos e estava acostumada com as peculiaridades do temperamento artístico, até tendo algumas delas.

Começamos a compor cartas rápida e facilmente, e logo comecei a inspirar-me nela como colaboradora na composição das cartas – o que dizer e como dizê-lo. *Isso soa bem? E se você dissesse isso em vez daquilo? Que diabos vou escrever para o homem que me enviou o manuscrito de seiscentas páginas sobre fadas em Vênus? Esse é um reclamão, você não precisa responder a ele...* Delores sempre foi melhor do que eu em dar respostas gentis aos malucos, mas era bem razoável também e encorajava-me a não responder a uma carta que era esquisita de um jeito perturbador ou que fazia demandas insensatas. Ela tornou-se tão boa em responder a perguntas eternamente repetidas que eu podia entregar-lhe uma carta e dizer apenas "ideia para Gatos alados" e a verdadeira história de como pensei em gatos com asas já estava pronta em seu computador – embora ela a variasse ligeiramente de acordo com seu humor e a idade do inquiridor. Ela tinha um tom elegante e gracioso ao desencorajar pedidos problemáticos, explicando por que eu não podia responder pessoalmente naquele momento. Me dava uma bela cobertura. Delores adorava responder às cartas de crianças, mesmo quando eram do tipo mecânico, que alguns professores fazem as crianças escreverem. A bondade evidente e a generosidade de seu espírito emprestaram a toda a minha correspondência uma qualidade que jamais teria sem sua colaboração.

Ela nunca vinha mais de uma vez por semana, geralmente apenas uma vez a cada três ou quatro semanas. Eu cuidava da correspondência de negócios mais urgente e deixava o resto e as cartas dos fãs se amontoarem. Comprou um computador antes de mim, o que facilitou muito o seu trabalho. Quando comprei um, não fez muita diferença no início. Mas quando o e-mail realmente passou a funcionar, comecei a ser capaz de lidar eu mesma com todos os negócios de fato. Ainda assim, Delores e eu juntas lidávamos com negócios não urgentes, as cartas de fãs dos leitores e o que chamávamos de Medás: as cartas que todos aqueles que se tornam visíveis ao público recebem, pedindo para fazer isso, conceder aquilo, endossar tal livro, falar a essa boa causa etc. Mesmo que não seja possível dizer sim a elas, a maioria dessas cartas é bem-intencionada e merece um "não" civilizado. Delores disse "Não, obrigada" de todas as maneiras possíveis, sempre educadamente. Era um grande fardo para mim. Ela disse que as Medás eram entediantes, mas variadas o suficiente para serem divertidas também.

Quanto ao correio dos fãs, as cartas dos leitores sempre chegaram até mim apenas em papel, minha maneira rude, mas eficaz de manter o volume baixo. As cartas que as pessoas me escrevem – frequentemente a caneta e tinta, ou a lápis, giz de cera, glitter e outros meios, se forem crianças – são sempre fantásticas, causando-me imenso prazer e gratificação, mas também são intermináveis. Eu sabia que não havia maneira de lidar com seu volume caso tentasse lê-las e respondê-las em meu site ou por e-mails. Mas sempre senti que tais cartas mereciam uma réplica, por mais breve que fosse, e durante anos Delores foi minha inestimável ajudante para respondê-las.

Nós nos amávamos como amigas, mas não tínhamos muito contato fora de nossas sessões de trabalho. Ela era uma mulher ocupada: logo tornou-se secretária do escritor Jean Auel quatro dias por semana e era agente e empresária de seu marido, o pintor Henk Pander; quando seus pais ficaram idosos e doentes, ela cuidou deles, e mais tarde na vida adotou e criou sua neta. Nossa amizade exprimiu-se principalmente durante e em nosso relacionamento de trabalho. Eu sempre ansiava pela vinda de Delores, e nós sempre passamos metade do tempo falando, colocando a conversa em dia. Uma vez, quando eu estava assustada por causa de um *stalker*, ela e Henk deram-me fantástico apoio.

Com o passar dos anos, ela pareceu tornar-se mais tímida e recolhida em relação aos amigos do que costumava ser, não sei por quê. Me disse uma vez que gostava de vir trabalhar comigo porque ríamos juntas.

Seu computador começou a ficar desatualizado, e sua vida complicada por várias questões; a energia dela estava sendo sobrecarregada. Não conseguia ou não queria descobrir como me ajudar com a correspondência eletrônica da mesma forma que fazia com aquela em papel, que levava para casa junto com as respostas ditadas e minhas sugestões de notas. Então passei a fazer todo o e-mail e a maioria das cartas, deixando-lhe apenas alguns Medás e não-obrigadas e as cartas de fãs que precisavam apenas de reconhecimento.

A alegria na vida de Delores estava visivelmente em declínio havia um longo tempo quando ela foi diagnosticada, ano passado, com câncer. No início parecia localizado e curável, mas demonstrou estar metastático. Matou-a em alguns meses. Houve uma breve e adorável pausa ou remissão por algumas semanas tardiamente em sua doença, quando pudemos visitá-la com bastante frequência e rir juntas como costumávamos rir. Então a doença cruel avançou novamente. Ela morreu há alguns meses, assistida com muita ternura pelo marido.

Acho extremamente difícil falar sobre pessoas que eu amava e morreram. Não consigo, neste momento, fazer uma homenagem adequada àquela mulher complexa e bela ou dizer algo além de que sinto falta de sua amizade em todos os sentidos.

Sem ela, tive que desistir do esforço de responder às cartas dos fãs, pelo menos temporariamente. Quanto aos

Medás, alguns são respondidos, outros não. Suponho que eu poderia pagar alguém para fazer isso.

Mas duvido que o faça. Não posso me empenhar de coração nisso.

Sem ovo

Julho de 2011

Quando visitamos Viena no início dos anos 1950, Charles e eu hospedamo-nos em grande estilo por muito pouco dinheiro no antigo Hotel König von Ungarn, que estava lá desde pelo menos os anos 1820. Tomávamos o desjejum em um café na esquina. Sempre o mesmo café e o mesmo desjejum: bom café, frutas frescas, pães crocantes com manteiga e geleia e um ovo quente. Perfeito. Invariável. Todas as manhãs.
Não sei por que certa manhã meti na cabeça de variar, mas o fiz, e quando o garçom alto e de meia-idade chegou com seu impecável casaco escuro, indiquei que queria o desjejum habitual, sem o ovo.
    Ele parecia não entender, o que, dada a qualidade do meu alemão, era compreensível. Eu repeti algo como "Kein Ei" ou "Ohne Ei."
    Ele respondeu lentamente, com a voz abalada, "Ohne Ei?".
    Ficou perturbado. Fui impiedosa. Sim, eu disse, sem ovo.
    Ele ficou de pé por um bom tempo em silêncio, tentando lidar com o choque. Visivelmente, obrigou-se a não apelar,

implorar ou mostrar sua desaprovação. Era um garçom, um garçom vienense disciplinado e habilidoso, e devia obedecer ao cliente mais perverso. "Sem ovo, Madame", disse suavemente, quase sem repreensão, e foi buscar meu café da manhã sem ovo, que me trouxe e colocou diante de mim com uma dignidade silenciosa e funerária.

Ainda rimos lembrando daquele pequeno incidente de quase sessenta anos atrás, mas ele também mantém-se vivo em minha memória por um sentimento de culpa. Para começar, em 1954, em Viena, um ovo significava algo. A cidade tinha acabado de sair de tempos muito ruins. Ainda estava sob ocupação, dividida entre os exércitos norte-americano, britânico e russo; a catedral tinha sido reconstruída e a casa de ópera estava se reerguendo dos escombros dos bombardeios, mas os danos e a destruição estavam por toda a parte e o efeito da privação era visível no rosto e no corpo das pessoas na rua. Uma oferta de comida em uma cidade que passou fome não é pouca coisa.

Além disso, perturbei voluntária e desnecessariamente a ordem do universo daquele garçom. Um universo muito pequeno, o desjejum do café vienense, mas um universo estável, ordenado e aperfeiçoado. É melhor não mudar algo que tenha alcançado a excelência. E foi indelicado pedir a uma pessoa que passou sua vida de trabalho mantendo essa excelência que a comprometesse, que fizesse algo que ela tão claramente sentia estar errado. Afinal, eu poderia ter deixado que ele trouxesse o ovo e apenas não tê-lo comido. O garçom era bom demais em seu trabalho para ter dado atenção, exceto possivelmente por um "Madame não está com fome esta manhã?". Ter um ovo e não comê-lo era um privilégio meu. Recusar-me a deixá-lo trazer o ovo era interferir em seu privilégio, que era trazer-me um café da manhã vienense completo e apropriado. Ainda sinto vontade de rir quando penso nisso e ainda sinto uma pontinha de culpa.

A culpa aumentou desde que comecei, há alguns anos, a comer um ovo quente no café da manhã – a tomar, de fato, um desjejum de café vienense – todo dia. Invariavelmente. Não consigo arranjar aqueles adoráveis pães europeus, leves e crocantes. (Por que as pessoas que fazem pão artesanal neste país acham que a crosta deve ser espessa e dura? Quanto mais parecidos com couro, mais artesanais?) Mas os *muffins* ingleses da marca Thomas são muito bons, então eu os como com chá, frutas e um ovo de 3 minutos e meio consumido, como em Viena, na casca.

Para fazer um ovo quente, coloco-o em uma pequena panela com água fria suficiente para cobri-lo, ligo o fogo alto até que ferva furiosamente, desligo de uma vez, viro o temporizador do ovo (uma ampulheta de 3 minutos e meio) e começo a tostar os *muffins*. Quando toda a areia passa pelo ampulheta, o ovo sai da água e entra no suporte para ovos.

Como se vê, há um certo cuidado e cerimônia envolvidos, e era disso que eu queria falar, além do motivo de o suporte para ovos ser importante.

Se você rachar a casca de um ovo quente e despejá-lo em uma tigela, ele tem o mesmo sabor, mas não é o mesmo. É muito fácil. É monótono. Poderia muito bem ter sido escalfado. O objetivo de um ovo quente é a dificuldade de comê-lo, a atenção que ele requer, a cerimônia.

Então você coloca o ovo quente que acabou de fazer no suporte. Mas nem todos estão familiarizados com suportes para ovos.

Neste país, eles geralmente são em forma de ampulheta, com um lóbulo ou tigela maior do que o outro. A parte menor é apenas grande o suficiente para segurar o ovo. Seria possível comê-lo na casca ali, mas a maioria dos americanos o retira, vira o suporte, quebra o ovo e o despeja na tigela maior, onde o misturam e o comem.

Os suportes para ovos britânicos e europeus não oferecem essa opção; eles não têm a tigela grande; são apenas uma pequena tigela de porcelana em um pequeno pedestal, como uma taça, na qual o ovo fica na vertical. Não há escolha a não ser comer o ovo na própria casca. Aqui é onde as coisas tornam-se cerimoniais e interessantes.

Então você coloca seu ovo quente no suporte para ovos – mas qual lado para cima? Ovos não são ovoides perfeitos, eles têm uma ponta menor e uma maior. As pessoas têm opiniões a respeito de qual extremidade deve ficar para cima, ou seja, a partir de qual extremidade você vai efetivamente comer o ovo. Essa diferença de opinião pode tornar-se fervorosa a ponto de dar origem a uma guerra, como sabemos graças a Jonathan Swift. Faz tanto sentido quanto a maioria das guerras e a maioria das diferenças de opinião.

Sou partidária da Ponta Grande. Minha opinião, que defenderei até a morte, é a de que se a ponta grande estiver para cima, é mais fácil colocar a colher na abertura criada quando se derruba o topo do ovo com um único e decisivo golpe da lâmina de sua faca. Ou, quem sabe – outra decisão de peso, outra questão de opinião, com defensores e inimigos, os Justos e os Injustos –, você cuidadosamente levanta a ponta superior do ovo, solta graças à rachadura circundante que criou batendo de leve com a lâmina da faca em todo o diâmetro da casca a cerca de 1 centímetro do topo.

Algumas manhãs golpeio. Algumas manhãs dou batidinhas. Não tenho opinião sobre o assunto. Depende do meu ânimo.

Alguns elementos da cerimônia não oferecem escolha. A faca deve ser de aço, já que o enxofre dos ovos escurece a prata, e a colher de ovo também deve ser impossível de manchar – aço inoxidável ou chifre. Nunca vi uma colher de ovo de ouro, mas tenho certeza de que serviria. Qualquer que seja o material, a parte côncava da colher deve ser pequena e ter a borda fina: uma borda grossa não consegue recolher toda a clara do ovo do interior da casca. O cabo é curto, para um bom equilíbrio e fácil manuseio. Uma colher de ovo é um pequeno implemento que, como o café da manhã vienense, não pode ser melhorado. Como todas as boas ferramentas, ela causa prazer por sua pura aptidão. Faz apenas uma coisa, mas o faz perfeitamente, e nada mais pode fazê-lo. Tentar comer um ovo na casca com uma colher normal é como remendar um relógio de pulso com um martelo.

A única imperfeição da colher de ovo é que ela é tão pequena que se perde. As colheres de chifre são maiores, mas a bela colher de chifre que minha filha me deu terminou por desgastar-se, sua borda tornando-se grosseira e fibrosa. A substituição pode ser um problema; a maioria dos americanos não come seus ovos na casca, e o implemento é raro e difícil de encontrar. Quando vejo um, eu compro. Minha colher de ovo atual é de aço inoxidável; no cabo estão as letras *K L M*. Não vou entrar no mérito de como viemos a ser os donos dessa colher.

É isso o que quero dizer em relação à dificuldade. Comer um ovo na casca requer não apenas prática, mas também determinação e até mesmo coragem, possivelmente a disposição para cometer crimes.

Se você estiver no ânimo de golpear, o primeiro golpe da faca na casca é decisivo. Um golpe firme em uma boa casca no lugar certo decapita o ovo de forma limpa com uma pancada – ideal. Mas algumas cascas de ovos são fracas e quebradiças, e às vezes sua pontaria é hesitante ou falha (afinal, isso é algo que você tem que fazer antes do café da manhã). Se você golpear muito alto, a abertura não será grande o suficiente; muito baixo e você entra na gema, o que ainda não quer fazer. Então talvez você opte por dar batidinhas em vez de golpear – nem de longe tão excitante, mas você tem mais controle sobre o resultado.

Então, agora você abriu seu ovo. Você enfia a colher dentro dele, mas não muito de repente ou a gema subirá bem para cima e pingará em desperdício para fora da casca. A clara de ovo de 3 minutos e meio quase não é firme, enquanto a gema tem uma espessura suficiente para fazer um belo molho dourado para a clara. Seu trabalho é misturar as duas gentilmente, de modo que consiga um equilíbrio entre gema e clara em cada pequena colherada sem destruir a delicada tigela de onde você está comendo, a casca do ovo. Isso requer atenção.

Quanto mais completa a atenção, mais você realmente *saboreia o ovo*.

A essa altura já deve estar evidente que todo este texto é um golpe sutil contra o multitarefismo e uma ode a fazer uma única coisa com, como diz a Bíblia, "todas as tuas forças; porque na sepultura não há obra, nem projeto, nem conhecimento, nem sabedoria".

Tampouco um café da manhã. Não existem ovos na sepultura.

O sabor de um ovo quente é extremamente sutil. Gosto de sal e pimenta em um ovo frito, mas nada em um ovo quente. Ele é completamente satisfatório por si só. Se um pouco da manteiga do *muffin* entrar nele, isso também é bom.

A experiência do ovo quente é a mesma todas as manhãs e nunca a mesma. Permanece infinitamente interessante. É invariavelmente deliciosa. Fornece uma pequena e sólida dose de proteína de alta qualidade. Quem poderia pedir mais?

Claro, tenho muita sorte: consigo ovos sem toxinas em nossa cooperativa de fazendeiros locais que não enjaulam suas aves em buracos vulneráveis a epidemias e não as alimentam com carniça. Os ovos são marrons, com casca forte e gemas alaranjadas, não as coisas fracas e pálidas postas pelas galinhas mantidas em imundície e tormento durante toda a sua vida. A Assembleia Legislativa do Oregon finalmente decidiu proibir as gaiolas em bateria, uhuu! – a proibição entra em vigor em 2024, des-uhuu. Os *lobbies* que dirigem nossas vidas exigem que a tortura, a degradação e a doença continuem por mais treze anos. Não estarei viva para ver as aves livres.

Nôtre-Dame de la Faim

Outubro de 2011

Visitei uma grande catedral esta semana. Fica em uma área mista de indústria/pequenos negócios/residências não muito longe do aeroporto de Portland, uma localização peculiar para uma catedral. Mas tem uma enorme congregação e está cheia de gente, não apenas aos domingos, mas todos os dias da semana.

E é grande. A Notre-Dame de Paris cobre cerca de 5,5 mil metros quadrados. Essa é quase duas vezes maior, 10 mil metros quadrados, dois quarteirões completos da cidade (e seu prédio anexo do outro lado do rio tem 8,7 mil metros quadrados).

Notre-Dame, com suas torres, é muito mais alta, foi construída com pedras todas esculpidas com santos e gárgulas e é muito antiga e bela de um modo enternecedor. Essa aqui parece pouco impressionante à medida que você se aproxima, em parte porque há edifícios nas proximidades e não se pode realmente ter uma visão inteira dela, e em parte porque não foi construída há muito tempo para celebrar e incorporar a adoração espiritual, mas recentemente, em extrema necessidade, para um propósito material específico. Ainda assim, eu não descartaria um elemento muito grande do espírito na sua construção.

De fora, parece um depósito particularmente enorme, mas não tem o aspecto estranhamente ameaçador, ao modo de fortaleza das grandes cidadelas sem janelas do consumismo, Walmart e o resto. Quando você entra, vê a catedral. O salão de entrada alto e arejado leva-o primeiro, sobre um elegante piso de pedra com pequenas decorações de bronze colocadas aqui e ali, a uma área de escritórios e cubículos. A maioria das igrejas esconde seu departamento administrativo, mas esta coloca-o bem na frente. As paredes são de madeira clara, tudo é espaçoso e elegante. Como a nave de Notre-Dame, o teto de madeira apoiado em aço, com uma altura espantosa, eleva-se acima de toda a pequena atividade humana no piso abaixo. Na velha catedral, aquela altura cria um grande e misterioso espaço superior de sombras. Mas o espaço sob essa abóbada é luminoso.

Não foi senão quando entrei no interior, na própria catedral, que entendi por que haviam construído o pé-direito tão alto. Como deveria ser, há grandes portas que se abrem ao espaço sagrado. E, como é o caso em um espaço sagrado, sua primeira vista tirou-me o fôlego. Fiquei de pé em silêncio. Lembrei-me do significado da palavra *reverência*.

Grande parte do interior do enorme edifício é visível daquele portal, ou seria; no entanto, todo o piso é coberto por imensos e imponentes blocos, montes e pilhas de caixotes, caixas de papelão, caixas e contêineres dispostos em uma ordem severa gigantesca, com amplos corredores entre cada torre ou compartimento. Somente nos corredores é possível ver as paredes mais distantes na longa distância. Não há paredes ou divisões permanentes. O imenso, esplêndido telhado em balanço estende-se serenamente acima de tudo. O ar é fresco e limpo, com o mais tênue cheiro de coisas de jardinagem, de vegetais frescos. Veículos correm silenciosamente para cima e para baixo nos corredores, miniempilhadeiras e afins, parecendo bastante mínimos entre os altos blocos e pilhas, constantemente ocupados em mover caixotes e caixas, trazendo e levando.

Bem, não é uma catedral. Essa parte era uma metáfora. É apenas um armazém, afinal.

Mas que tipo de armazém não armazena nada para vender? Nada, nem um item entre todos estes (literalmente) acres de artigos, está ou estará à venda.

Na verdade, trata-se de um banco. Mas não o tipo de banco onde o dinheiro é a única coisa que acontece.

Aqui é onde o dinheiro não acontece.

Este é o Banco de Alimentos do Oregon. Cada caixa nas grandes pilhas em cubo entre os corredores, cada caixa de papelão, cada lata, cada garrafa, cada caixote guarda comida. Cada caixa de papelão, cada lata, cada quilo, cada grama dessa comida será doado ao povo do Oregon que não tem dinheiro para comprar o que precisa para viver.

É uma catedral, afinal de contas. A catedral da fome.

Ou, eu deveria dizer, a catedral da generosidade? Da compaixão, da comunidade ou da *caritas*? No final, trata-se da mesma coisa.

Há pessoas que precisam de ajuda.

Há pessoas que a negam, dizendo que Deus ajuda aqueles que se ajudam e os pobres e desempregados são meros preguiçosos indolentes mamando em um governo babá.

Há pessoas que não negam a pobreza, mas que não querem saber dela porque é tudo tão terrível e o que se pode fazer?

E então há as pessoas que ajudam.

Esse lugar é a prova mais impressionante da existência delas que já vi. Existência, eficiência, influência. Esse lugar incorpora a bondade humana.

Na forma, claro, mais desespiritual, humilde, corriqueira, até mesmo grosseira. Em mil latas de vagem, em torres de caixas de macarrão, em caixas de legumes frescos colhidos, em capelas frias de refrigeradores de carne e queijo... Em centenas de caixas de papelão com nomes improváveis de cervejas obscuras, doadas pelos cervejeiros porque as caixas de cerveja são particularmente robustas e úteis para embalar alimentos... Nos homens e mulheres, funcionários e voluntários treinados, operando o maquinário, cuidando das mesas, classificando e embalando os produtos agrícolas frescos, ensinando habilidades de sobrevivência nas salas de aula do Banco de Alimentos, cozinhas e jardins, dirigindo os caminhões que trazem os alimentos e os caminhões que levam os alimentos para onde eles são necessários.

Pois esses imponentes muros, blocos e recifes de artigos – 5 a 8 mil quilos de alimentos em cada compartimento do armazém – desaparecerão, derreterão como castelos de areia, hoje à noite ou em poucos dias, para serem substituídos instantaneamente pelo suprimento de alimentos em caixa, enlatados, em vidros, frescos e congelados, que por sua vez derreterão em um dia ou uma semana, indo para onde são necessários.

E são em todos os lugares. O Banco de Alimentos distribui em todos os condados do estado do Oregon, além de um condado do estado de Washington. Não é preciso procurar muito longe para encontrar pessoas que precisam de ajuda para comer o suficiente.

Em qualquer lugar onde haja crianças, para começar. Muitas crianças em idade escolar em nosso país, em nossas metrópoles e em nossas cidades não recebem três refeições por dia, ou mesmo duas. Muitas nem sempre têm certeza se terão alguma coisa para comer hoje.

Quantas? Cerca de um terço delas. Uma criança em cada três.

Coloquemos desta forma: se você ou eu fôssemos um pai ou mãe estatístico com três crianças estatísticas na escola, um de nossos três filhos estaria com fome. Desnutrido. Faminto pela manhã, faminto à noite. O tipo de fome que faz uma criança sentir frio o tempo todo. Que torna uma criança estúpida. Que faz com que uma criança fique doente.

Qual de nossos filhos... qual criança...?

A árvore

Janeiro de 2011

Desfizemos a árvore de Natal hoje de manhã. Era um abeto muito bonito, de cerca de 1 metro ou 1,50 metro, uma árvore de mesa, disse a mulher na floricultura ao lado do Trader Joe's onde a compramos. Nós a colocamos em uma caixa de madeira na janela do canto da sala de estar, pois acredito que uma árvore de Natal deve ser vista de fora e também deve ser capaz de ver o lado de fora. Para ser exata, não penso que uma árvore pode ver, mas talvez esteja ciente da luz e da escuridão, do lado de dentro e do de fora. Enfim, parece certo que tenha o céu sobre si ou através de seus galhos. Antes que a decorássemos, ela estava ali, robusta, verde-escuro puro, um organismo superior complicado, uma presença muito definida na sala. Quando tivemos uma árvore artificial, sua não entidade fez-me perceber o que sinto em relação a uma árvore viva, não apenas as esplêndidas, grandes e altas árvores de Natal que costumávamos ter quando eu era criança e quando meus filhos eram crianças, mas uma pequena também – que se trata de uma presença em uma sala tanto quanto uma pessoa ou um animal. Uma presença imóvel que não diz nada, mas que está lá. Uma visitante muito taciturna da Noruega, talvez. Sem falar nada de inglês, totalmente sem exigências e não querendo nada além de um copo d'água a cada poucos dias. Descansada. Um prazer de olhar. Guardando a escuridão em si, uma escuridão de floresta, nos braços verdes estendidos com tanta calma, firmeza, sem esforço.

Nossa visitante norueguesa inclinou-se um pouco para dentro da sala – não conseguimos colocá-la bem na vertical com os pinos de parafuso na base –, mas ninguém conseguia vê-la de lado de todo modo, pois estava entre a escrivaninha e a estante de livros, por isso não nos preocupamos. Era belamente simétrica sem ter tido metade de seus galhos cortados por um aparador de cerca-viva, como tantas vezes acontece com muitas árvores. Era certamente uma árvore de plantação. Nunca havia estado na floresta que vi nela. Tinha crescido em alguma encosta não muito distante do Monte Hood, provavelmente com centenas ou milhares de outros jovens abetos em filas retas, uma das paisagens mais sombrias de nossas terras agrícolas, uma praga no espírito quase tão forte quanto um corte claro. Muitas vezes é um sinal de que o pequeno agricultor desistiu de cultivar, pressionado pelo agronegócio, ou de que o não agricultor começou uma plantação de árvores como um modo de deduzir impostos. Nossa árvore não tinha conhecido a floresta. Era uma árvore de floresta, de qualquer forma. E tinha conhecido chuva, sol, gelo, tempestade, todos os climas, todos os ventos, e sem dúvida alguns pássaros, em sua época. E as estrelas, em sua noite.

Colocamos as luzes na árvore. Posicionamos o velho pássaro dourado com o rabo surrado em cima. Os pequenos ornamentos em forma de caracol com a concha em vidro dourado que compramos para nossa árvore de 60 centímetros em Paris em 1954, uma dúzia deles e uma dúzia de nozes de vidro dourado – sobraram uma noz e nove caracóis, um com um buraco no tecido frágil da concha –, vão para os galhos superiores porque são pequenos, não pesam nada e pode-se vê-los lá. As bolas maiores de vidro, algumas das quais são tão antigas que estão craqueladas e translúcidas, ficam mais embaixo; quanto maiores são, mais baixo ficam, é uma regra da vida. Os bichinhos, tigres, leões, gatos e elefantes são pendurados em laços nos galhos; os passarinhos sentam-se sobre eles, agarrando-se com instáveis garras de arame. Vez por outra um pássaro perde seu agarre e é encontrado de cabeça para baixo sob o galho e tem que ser sentado novamente.

A árvore está muito bonita, uma árvore de Natal apropriada, a não ser pelas luzes de LED que são de fato muito, muito, por demais brilhantes para ela. Elas são pequenas, mas violentas. As velhas lâmpadas foscas, grandes demais para essa árvore, cairiam melhor nela, com seu brilho suave e difuso que se poderia esconder entre os galhos. E algumas das cores dos LEDs são terríveis; um magenta gritante é o pior. O que tem o magenta a ver com o Natal, ou com qualquer outra coisa? Eu tiraria todos os magentas e os azuis pista-de-aterrissagem-de-aeroporto e ficaria com o verde, o vermelho e o dourado se pudesse, mas os cordões vêm com cinco cores, e não parece haver luzes de reposição à venda, é preciso comprar um cordão totalmente novo, que, naturalmente, terá as mesmas cinco cores. Fiz tubinhos de lenço de papel e os coloquei sobre as lâmpadas pequenas e ferozmente brilhantes, mas não fez muita diferença, e ficou com uma aparência meio maltrapilha. Mesmo assim, deixei-os lá.

Então chegou o Natal, e a árvore brilhava a cada dia e a cada noite até que eu a desligava antes de ir para a cama. Sei que não é realmente necessário apagar as luzes, as lâmpadas de LED não esquentam, mas segurança é segurança e hábito é hábito e, de qualquer forma, parece errado não deixar uma árvore ter escuridão. Às vezes, depois de desligar, eu ficava com ela e a olhava, silenciosa e escura no quarto escuro, acesa apenas pelo brilho da pequena vela elétrica atrás dela que ilumina a placa na janela que diz PAZ. A vela lançava sombras tênues e complicadas no teto através dos galhos e agulhas. A árvore tinha um cheiro gostoso no escuro.

Então o Natal passou e o Ano-Novo chegou. E, no dia seguinte ao Ano-Novo, eu disse que deveríamos retirar a árvore e assim o fizemos. Eu queria mantê-la mais um dia depois de tirarmos as luzes e os ornamentos. Gostei tanto da árvore sem nenhuma decoração. Não queria perder aquela presença quieta na sala. As agulhas não tinham sequer começado a cair. Mas Atticus não é de fazer as coisas pela metade. Ele levou a árvore para o jardim e fez o que tinha de ser feito.

Ele me disse que quando chegava a hora de seu pai matar o porco que havia criado o ano todo, contratava um homem para fazê-lo, saía de casa e não voltava até que a salsicha estivesse pronta. Mas Atticus fazia o serviço ele mesmo.

No fim das contas, a árvore já havia sido cortada de sua raiz; sua vida conosco era apenas uma morte lenta. Uma verdadeira árvore de Natal, uma árvore cortada, é um sacrifício ritual. É melhor não negar o fato, mas aceitá-lo e ponderá-lo.

Ele guardou para mim alguns dos ramos escuros para que eu os colocasse na água em uma tigela no corredor da entrada. Quando o tronco secar, dará uma boa lenha. No próximo Natal, talvez.

Os cavalinhos em cima das escadas

Janeiro de 2011

Na véspera do Natal, a família estava toda na floresta onde minha filha, meu genro, três cães, três cavalos e uma gata vivem. Três deles vivem no celeiro dos cavalos e no pasto no topo da colina, cinco na casa em estilo cabana de madeira na base da colina, e uma em grande estilo em um chalé de um quarto todo seu com uma almofada aquecida, que no inverno ela abandona apenas para caçar camundongos no bosque. Chovia àquela tarde, como chovera durante todo o mês de dezembro, então estavam todos dentro de casa e a cozinha-sala de estar-sala de jantar estava bem cheia de gente, o mais velho com 83 anos, e a mais nova, com 2.

A menina de 2 anos, Leila, estava de visita com sua mãe e sua tiadrasta de Toronto. Sete de nós tínhamos vindo passar a tarde, e seis hospedavam-se lá – os anfitriões lá em cima, o pessoal de Toronto no escritório e uma alma resistente no *trailer* lá fora. (Não há cama no chalé de um quarto e Mimi não compartilha sua almofada aquecida.) Os cães circulavam livremente entre nós e havia muitas coisas boas para comer, o que despertava muito interesse neles. Para alguém tão jovem como Leila, devia parecer bastante lotado, barulhento e cheio de estranhos e estranhamentos, mas ela acolheu tudo com olhos brilhantes e doce equanimidade.

Naquela manhã, quando parou de chover por um tempo, ela tinha subido a longa e íngreme estrada com as mulheres até o celeiro dos cavalos e o ringue de equitação. Elas brincaram com a bela islandesa Perla e com Hank, que se eleva a robustas dez mãos de altura e está convencido de sua autoridade como o único cavalo (em oposição à égua) nas instalações. Leila sentou-se na sela em frente à tia Caloline em Melody, a gentil, sábia e velha égua de apartação, e gostou muito da aula de equitação. Quando Mel pegou o ritmo, Leila balançou para cima e para baixo, para cima e para baixo, e cantou suavemente "Tlota! Tlota! Tlota! Tlota!" em círculos e ao redor do ringue.

Então, naquela tarde, dentro de casa, em algum momento entre as várias conversas, alguém disse que estaria escuro antes que nos déssemos conta. E outra pessoa falou: "É melhor subirmos daqui a pouco para alimentar os cavalos".

Leila absorveu isso. Seus olhos ficaram um pouco mais brilhantes. Ela voltou-se para sua mãe e perguntou com uma pequena voz esperançosa: "Os cavalinhos estão em cima das escadas?".

A mãe explicou gentilmente que os cavalos não estavam no mezanino, mas no pasto no topo da colina. Leila assentiu, um pouco decepcionada talvez, mas aceitando.

E eu guardei a pergunta dela comigo para sorrir e refletir a respeito.

Foi ao mesmo tempo encantador e lógico. Em Toronto, no mundo limitado de uma criança de 2 anos, quando alguém falava em "subir", isso quase sempre significaria "subir as escadas".

E, para Leila, a casa com paredes de madeira, que é muito alta, embora não muito grande, deve ter parecido imensa, labiríntica, imprevisível, com suas portas, escadarias, porão, mezanino e alpendre, tudo inesperado de um modo tal que você entra pela porta traseira ao nível do chão, caminha pela casa e desce um longo lance de degraus para chegar ao nível do chão... Leila provavelmente só havia subido as escadas do mezanino até o quarto uma única vez, se é que subiu.

Qualquer coisa poderia estar no alto daquelas escadas. Melody, Perla e Hank poderiam estar lá. Papai Noel poderia estar lá. Deus poderia estar lá.

Como uma criança organiza um vasto mundo que está sempre apresentando coisas novas? Ela faz o melhor que pode e não se preocupa com o que não pode até que seja necessário. Essa é a minha Teoria do Desenvolvimento Infantil.

Escrevi um conto uma vez, em que tudo era verdade, sobre ir a uma conferência na costa norte da Califórnia entre as sequoias e não fazer a menor ideia de que já tinha visto antes o lugar, as cabanas, o riacho – até que me disseram, e eu me dei conta de que era verdade, que eu havia vivido lá por duas semanas intensas de dois verões –, que esse exato lugar era Timbertall, o acampamento de verão ao qual eu e meus amigos fomos quando tínhamos 13 e 14 anos.

Naquela idade, absolutamente tudo o que eu havia notado suficientemente para me lembrar da localização de Timbertall era que todos entramos em um ônibus e viajamos para o norte durante horas e horas conversando o caminho inteiro, depois descemos e *estávamos lá*. Onde quer que lá fosse. Lá era onde estávamos. Com o riacho e as cabanas, os enormes tocos, as árvores altas e escuras, e nós, ainda conversando, e os cavalos.

Ah, sim, também havia cavalinhos lá no alto. Era por isso que estávamos lá. Isso era o que importava, naquela idade.

Eu era uma criança que, graças a um quebra-cabeça de madeira dos Estados Unidos, sabia localizar bem os estados e havia sido ensinada sobre geografia o suficiente para adquirir alguma noção dos continentes e nações. E sabia que a região das sequoias ficava ao norte de Berkeley porque meus pais tinham subido aquela costa de carro comigo e com meu irmão quando eu tinha 9 anos, e meu pai sempre foi claro sobre as direções da bússola.

E isso era tudo que eu sabia aos 14 anos sobre onde Timbertall ficava, e tudo o que me importava saber.

Fico chocada com minha ignorância. No entanto, ela tinha sua própria lógica. Afinal, não precisei dirigir o ônibus. Eu era uma criança, transportada por adultos como as crianças são. Eu possuía um esquema adequado do mundo e uma compreensão suficiente da minha posição para minhas necessidades na época.

Não é de admirar que as crianças perguntem sempre: "Já chegamos lá?". Porque elas *estão* lá. São apenas os pais atormentados que não estão, que têm de ter toda essa enorme distância entre as coisas e têm de dirigir e dirigir e dirigir para chegar ao lá. Isso não faz sentido para uma criança. Talvez seja por isso que elas não conseguem ver a paisagem. A paisagem é *entre* onde elas estão.

Leva anos para aprender a viver entre, e assim fazer com que as relações entre as coisas sejam organizadas para que façam sentido.

Provavelmente também é necessário que se tenha uma mente humana adulta esquisita. Acho que os animais estão onde estão, da mesma forma que um bebê. Ah, eles conhecem o caminho entre os lugares, muitos deles, como nenhum bebê, e muito melhor do que nós – cavalos, com certeza, se já estiveram na área alguma vez. Abelhas, se outra abelha dançar o caminho para elas. Andorinhas sobre o oceano sem trilhas... Saber o caminho, nesse sentido, é saber onde se está até o fim.

Aos 14 anos, a não ser que estivesse em um lugar muito familiar, eu fazia muito pouca ideia de onde estava. Mais do que Leila, mas não muito mais.

Mas aos 14 anos eu sabia que os cavalos não estavam no quarto do mezanino. Sabia que Papai Noel não estava no Polo Norte. E andava pensando bastante sobre onde Deus poderia estar.

As crianças têm que acreditar no que lhes é dito. A disposição para crer é tão necessária para uma criança quanto o instinto de amamentação para um bebê: uma criança tem muito a aprender a fim de se manter viva e ser humana.

O conhecimento humano em específico é transmitido em grande parte por meio da linguagem, portanto, primeiro temos que aprender a linguagem, depois ouvir o que nos é dito e acreditar. Testar a validade das informações deveria sempre ser permitido e às vezes é necessário, mas também pode ser perigoso: é melhor que o pequenino acredite, sem fazer nenhum teste, que a boca do fogão pode queimar mesmo quando não estiver vermelha, que se você comer o remédio da avó ficará doente, que correr em direção à rua não é uma boa ideia... De qualquer forma, há tanto para aprender que nem tudo pode ser testado. Nós realmente temos que acreditar no que nossos mais velhos nos dizem. Podemos perceber por nós mesmos, mas temos muito pouco conhecimento instintivo sobre como agir de acordo com nossas percepções, e precisamos que nos mostrem os padrões básicos de como organizar o mundo e como percorrer nosso caminho nele.

Depreende-se daí o valor incalculável da informação verdadeira e a imperdoável injustiça de mentir para uma criança. Um adulto tem a opção de não acreditar. Uma criança, particularmente seu próprio filho, não tem.

Uma hipótese: Leila, em vez de aceitar a informação com contentamento, começa a lamentar-se decepcionada, insistindo: "Não, os cavalinhos estão em cima das escadas! Eles *estão* em cima das escadas!". Um adulto de coração mole sorri e murmura: "Sim, querida, os cavalinhos estão lá em cima, todos aconchegados na cama".

Isso é mentira, embora seja minúscula e boba. A criança não aprendeu nada, mas foi confirmada em um mal-entendido existencial que terá de resolver de alguma forma, algum dia.

Que "subir" signifique "subir as escadas", "subir a colina" e uma grande quantidade de outros lugares também, e que seu significado possa depender de onde você está no momento, é uma informação importante. Uma criança precisa de toda a ajuda que puder obter para aprender a levar em conta essa grande variedade de significados.

Mentir, é claro, não é o mesmo que fingir. Leila e um adulto podem divertir-se imaginando os cavalinhos no quarto de dormir, com Hank monopolizando todos os cobertores, Perla chutando-o e Mel dizendo: "Onde está o feno?". Mas para que isso funcione como imaginação, a criança tem de saber que os cavalinhos estão, de fato, no celeiro. Nesse sentido, a verdade do fato, na medida em que sabemos o que é o fato, deve vir primeiro. A criança tem de ser capaz de confiar no que lhe é dito. Sua crença deve ser honrada por nossa honestidade.

Eu mencionei Papai Noel por uma razão. Sempre me senti pouco à vontade com a maneira como lidamos com ele. Tivemos

Papai Noel em minha família (na verdade, minha mãe escreveu um livro infantil adorável sobre Papai Noel na Califórnia, deixando suas renas pastarem nos trevos que nascem no inverno). Quando era criança, líamos "The Night Before Christmas" e colocávamos leite e biscoitos junto à lareira, e eles desapareciam pela manhã, e todos nós gostávamos. As pessoas adoram a fantasia, adoram o ritual e precisam de ambos. Nenhum dos dois é contrafactual. Papai Noel é um mito esquisito, peculiar, geralmente benigno – um verdadeiro mito, profundamente envolvido nos comportamentos rituais do único grande feriado que ainda nos resta. Como tal, eu o honro.

Muito cedo em minha vida, como a maioria das crianças, acho, eu podia distinguir "Fantasia" de "Realidade", o que significa que eu sabia que mito e fato eram coisas diferentes e tinha alguma noção da terra de ninguém que fica entre os dois. Em qualquer idade que consiga me lembrar, se alguém me perguntasse: "Papai Noel é real?", eu teria, penso, ficado confusa e envergonhada, ruborizado caso fosse a resposta errada e dito não.

Não acho que perdi nada ao não pensar que Papai Noel era real da maneira que meus pais eram reais. Eu era capaz de ouvir cascos de renas tão bem quanto qualquer um.

Nossos filhos tiveram Papai Noel; nós lemos o poema e deixamos leite e biscoitos para ele; e os filhos deles também. Para mim, isso é o que importa. Que o ritual de união seja honrado, que o mito seja reencenado e levado adiante no tempo.

Quando eu era pequena e outras crianças começaram a falar de "quando descobriram sobre Papai Noel", mantive meu bico fechado. A incredulidade é inamável. Estou abrindo a boca agora porque estou velha demais para ser amável, mas ainda assim incrédula quando ouço pessoas – adultas! – lamentando o terrível dia em que descobriram que o Papai Noel não era real.

Para mim, o terrível não é – como geralmente é apresentado – a "perda da crença". O que é horrível é a exigência de que as crianças acreditem ou finjam acreditar em uma falsidade, e o curto-circuito da mente carregado de sentimentos de culpa que acontece quando o fato é deliberadamente confundido com o mito, a atualidade com o símbolo ritual.

Será que aquilo por que as pessoas sofrem não é a dor de perder uma crença, mas de perceber que alguém em quem confiavam esperava que elas acreditassem em algo em que a própria pessoa não acreditava? Ou será que, ao perder a crença literal em nosso gordinho São Nicolau, elas também perdem o amor e o respeito por ele e pelo que ele representa? Mas por quê?

Eu poderia continuar a partir daqui em várias direções, uma delas política. Assim como alguns pais manipulam as crenças de seus filhos, por mais bem-intencionados que sejam, alguns políticos jogam de modo mais ou menos consciente com a confiança das pessoas, persuadindo-as a aceitar uma confusão deliberadamente fomentada da realidade com o pensamento ilusório e do fato com o símbolo. Como, digamos, o Terceiro Reich. Ou o Desabrochar de Cem Flores. Ou a Missão Cumprida.

Mas não quero entrar nisso. Quero apenas meditar sobre os cavalos em cima das escadas.

A crença não tem nenhum valor em si que eu possa ver. Seu valor aumenta à medida que é útil, diminui à medida que é substituída pelo conhecimento, e fica negativo quando é nociva. Na vida cotidiana, sua necessidade diminui à medida que a quantidade e a qualidade do conhecimento aumentam.

Há áreas em que não temos conhecimento, em que precisamos da crença, porque é tudo que temos para agir. Em toda a área que chamamos de religião ou reino do espírito, podemos agir somente pela crença. Aí, a crença pode ser chamada de conhecimento pelo crente: "Eu sei que meu Redentor vive". Isso é justo, desde que seja justo também manter e insistir na diferença, fora da religião, entre as duas coisas. No reino da ciência, o valor da crença é nulo ou negativo; apenas o conhecimento é valioso. Portanto, não digo que acredito que dois mais dois são quatro ou que a Terra gira em torno do Sol, mas que eu o sei. Como a evolução é uma teoria sempre em desenvolvimento, prefiro dizer que a aceito, em vez de que a sei ser verdadeira. A aceitação, nesse sentido, é, suponho eu, o equivalente secular da crença. Ela pode certamente proporcionar nutrição e prazer infinitos para mente e alma.

Estou disposta a acreditar naqueles que dizem que não poderiam viver se perdessem sua crença religiosa. Espero que acreditem em mim quando digo que se meu intelecto se for, se eu for deixada tateando o nada em confusão, incapaz de distinguir o real do imaginado, se perder o que sei e a capacidade de aprender, espero morrer.

Ver uma pessoa que viveu apenas dois anos neste mundo procurando e encontrando seu caminho nele, confiando perfeitamente, tendo sua confiança recompensada com a verdade e a aceitando – isso foi uma coisa adorável de ver. O que isso me levou a pensar, acima de tudo, foi sobre a quantidade inacreditável de coisas que aprendemos entre o dia em que nascemos e o último – de onde os cavalinhos vivem até a origem das estrelas. Como somos ricos em conhecimento e em tudo o que jaz ao nosso redor ainda por aprender. Bilionários, todos nós.

Primeiro contato

Maio de 2011

Já vi muitas cascavéis, já comi cascavel frita, mas só uma vez estive em contato com uma dessas cobras com chocalho viva. Embora *contato* não seja a palavra que eu realmente queira – é metafórica e imprecisa. Não nos tocamos. Talvez tenha sido comunicação, ainda que de um tipo muito limitado. Como a comunicação entre espécies alienígenas talvez esteja condenada a ser.

Já contei a história muitas vezes como uma comédia, uma história em que as pessoas comportam-se de forma ridícula, com um final feliz. Aqui está ela:

Estávamos no antigo rancho no Vale de Napa e eu estava prestes a sentar em uma das *chaise longues* de ferro de 1932 (cuidadosamente, porque se você se sentar muito perto da beira, toda aquela coisa pesada ergue-se e lança você para fora como um cavalo selvagem) quando ouvi um barulho que reconheci. Essa foi a primeira comunicação. Era o zumbido sibilante do chocalho da cascavel. Sobressaltada pelos meus movimentos, ela dirigia-se para a grama alta, chocalhando para longe. A uns 4,5 metros de distância, olhou para trás, me viu olhando para ela e parou ali, de cabeça erguida e me encarando, seu olhar fixo em mim. Como o meu estava fixo nela.

Berrei o nome de Charles. A cascavel não prestou atenção. Acredito que são surdas. Suponho que "ouçam" seu próprio chocalho como vibração em seu corpo, não no ar.

Charles saiu e discutimos a situação – não de maneira calma. Eu disse: "Se ela for lá para a grama alta, não vamos nem ousar andar no pasto o tempo todo que estivermos aqui".

Pensamos que tínhamos de matar a cascavel. Isso é o que se faz, geralmente, no campo, em um lugar onde crianças pequenas vêm e correm no entorno.

Charles saiu e pegou a grande e pesada enxada de cabo comprido que meu pai chamava de enxada portuguesa, com a qual cascavéis já haviam sido mortas antes, por outros. Não por nós. Charles chegou perto o suficiente para atacar.

A cascavel e eu jamais havíamos tirado os olhos uma da outra, nem nos movemos.

Charles disse: "Não consigo."

Eu disse: "Eu também não conseguiria."

"Então, o que fazemos?", dissemos.

A cascavel provavelmente estava pensando a mesma coisa.

"Ver se o Denys está lá?", Charles disse.

Eu respondi: "Acho que ela não vai se mover enquanto continuarmos nos olhando, então vá você."

E Charles subiu até a entrada e desceu a rua uns 200 metros até nossos únicos vizinhos próximos, os Cazet. Demorou um pouco. Durante todo esse tempo, a cobra e eu não nos movemos e olhamos com firmeza nos olhos uma da outra. Dizem que o olhar de uma cobra é hipnotizante, mas quem estava hipnotizando quem?

Éramos como pessoas recém-apaixonadas que "não conseguem tirar os olhos uma da outra". Isso não era amor, mas era algo igualmente intenso, e ainda mais imediatamente uma questão de vida ou morte.

É nesse breve tempo, 5 ou 6 minutos, suponho, 10 minutos no máximo, que venho pensando repetidamente ao longo dos anos, sempre com a vividez do momento e sempre com um sentido da sua importância ou significado: de haver muito a aprender com ele.

Durante esse tempo, a cascavel e eu estávamos a sós, juntas. A sós em todo o mundo. Estávamos reunidas por um medo comum – ligadas. Estávamos presas por um feitiço – encantadas.

Esse tempo estava fora do tempo comum e fora dos sentimentos comuns; envolvia perigo para nós duas; e envolvia um laço entre criaturas que não se relacionam e não podem normalmente se relacionar de forma alguma. Cada uma naturalmente tentaria *não* se relacionar – simplesmente fugir – ou matar em autodefesa.

Em todos esses aspectos, acho que não é errado pensar nesse tempo como sagrado.

O sagrado e o cômico não estão tão distantes assim, algo que os indígenas Pueblo parecem saber melhor do que a maioria de nós.

Charles e Denys vieram ofegando pela entrada com a grande lata de lixo de aço galvanizado e um pedaço de cano de plástico branco semirrígido de cerca de 4,5 metros de comprimento. Denys tinha o cano; ele sabia o que fazer porque já o tinha feito antes. Conhecido artista/autor de livros infantis, ele vivia o ano todo no vale. E sua casa ficava em uma pequenina propriedade que, antes de ser construída, costumávamos chamar de Clareira das Cascavéis.

A cobra continuava a olhar apenas para mim e eu apenas para ela, enquanto Denys posicionava a lata de lixo de lado com a abertura de frente para ela, talvez a 6 metros de distância e muito visível. Depois, vindo silenciosamente por trás dela com todo o comprimento do cano, ele sacudiu a ponta perto de sua cabeça. Isso quebrou o feitiço. Eu desviei o olhar da cobra para o cano, a cobra desviou o olhar de mim para o cano e depois deslizou apressadamente para longe da coisa que se movimentava no ar atrás dela e foi direto para a acolhedora caverna escura da lata de lixo. Ela deslizou diretamente para dentro – no que Charles correu para levantar a lata e bater a tampa.

Uma comoção poderosa e cheia de ira passou-se dentro da lata. Ela tremia e estremecia, quase chegava a dançar. Ficamos assombrados e ouvimos a fúria de uma cascavel verdadeiramente enraivecida em uma câmara de eco. Finalmente, ela se acalmou.

"E agora?"

"Em qualquer lugar que seja bem longe de casa."

"Tem o milionário lá no fim da estrada", disse Denys. "Já soltei várias cobras lá em cima."

Um pensamento agradável. O milionário nunca estava lá, ninguém vivia em seu belo topo de colina. Excelente território para cascavéis. Os três humanos e a lata de lixo entraram no carro e subiram a estrada, a cobra na lata fazendo algumas críticas perniciosas em um zumbido baixo e sibilante ao longo do caminho. No final da estrada, saímos e colocamos a lata no chão, derrubamos a tampa com o inestimável cano de plástico e assistimos ao desaparecimento instantâneo da cobra em mil acres de aveia selvagem.

Era nossa a lata de lixo, a que ainda fica de pé no topo da entrada onde a empresa de lixo faz a coleta às segundas-feiras. Nunca mais olhei para aquela lata desde então, em todos esses anos, sem pensar no que ela um dia conteve.

Um ensino, uma bênção, pode vir de maneiras estranhas, maneiras que não esperamos, nem controlamos, nem acolhemos, nem compreendemos. Resta-nos pensar a respeito.

O lince

Novembro de 2010

Na semana passada, meu amigo Roger e eu fomos a Bend, cidade no leste do Oregon onde muitos aposentados em busca de luz do sol e clima seco se estabelecem desde os anos 1990. De Portland, a estrada mais curta passa sobre o monte Hood e através da vasta reserva indígena Warm Springs. Era um dia claro no final de outubro, com as grandes folhas largas de bordo produzindo massas de ouro puro nas florestas sempre verdes. O azul do céu ficou mais intenso à medida que descemos do cume para o ar limpo e as paisagens abertas do lado seco do Oregon.

Bend tem esse nome, eu acho, por causa da curva do animado rio sobre o qual repousa. As Three Sisters e outros picos de neve da cordilheira das Cascatas elevam-se sobre ela no oeste e as vastas extensões do Alto Deserto avançam em direção ao leste. Nos últimos anos, a cidade cresceu e prosperou com o influxo de colonos, mas esbarrou em tempos difíceis com a recessão. Muito de sua prosperidade dependia do ramo da construção civil. O centro da cidade ainda é agradável, mas há lacunas, com vários bons restaurantes que se foram, e parece que alguns novos resorts na direção do monte Bachelor estão paralisados no estágio de licenciamento.

    Ficamos em um motel no lado oeste do rio, que é construído em intervalos, com trechos de floresta de zimbro e planícies de *Artemisia tridentata* no meio. As longas e largas avenidas seguem sinuosas em curvas, cruzando-se entre si nas rotundas de três e quatro saídas. Parece que as pessoas que traçaram as estradas queriam imitar o que acontece quando se joga macarrão no chão. Embora Tina, na Camalli Books, nos tivesse dado instruções cuidadosas com todos os nomes das estradas e todas as saídas de rotunda no caminho de nosso motel e de volta para ele – e embora a linha do horizonte a oeste com picos de montanhas de 2 a 3 mil metros de altura parecesse fornecer orientação adequada –, não saímos do motel uma única vez sem nos perder.

    Aprendi a temer o Old Mill District. Assim que via a placa de lá, sabia que estávamos perdidos novamente. Se Bend fosse uma cidade grande em vez de apenas uma cidade distante, talvez ainda estivéssemos lá tentando fugir do Old Mill District.

    Roger e eu estávamos lá para fazer uma leitura e sessão de autógrafos do nosso livro *Out Here*, na livraria na sexta-feira à noite e no High Desert Museum sábado à tarde. O museu fica na Autoestrada 97, a alguns quilômetros ao sul da cidade. Um pouco mais adiante fica Sunriver, um dos mais antigos e maiores projetos de resort da cidade. Roger sugeriu que almoçássemos lá. Dado o dinheiro que flui por esses resorts residenciais, eu esperava algo mais na linha gourmet; mas o bar e o restaurante serviam as mesmas enormes pilhas de comida pesada que se consegue em um bar e restaurante em qualquer lugar dos Estados Unidos, onde a ideia de um almoço leve é meio quilo ou um de nachos.

Não fiquei no Sunriver, mas passei algumas noites em outros resorts de luxo da região. Eles estão dispostos com arte para se misturarem à bela e austera paisagem. Construídas em madeira e pintadas ou manchadas em uma gama repetitiva de cores suaves, as casas são discretas, com muito espaço ao redor e árvores deixadas de pé entre elas. Todas as ruas se curvam. Ruas retas são um anátema para a mente do resort. Os ângulos retos dizem "cidade" e os resorts estão ocupados dizendo "campo", e é por isso que todas as avenidas a oeste do rio dobram-se e enrolam-se tão graciosamente como macarrão. O problema é que, como os juníperos, as artemísias, os edifícios, as ruas e as avenidas são todos muito parecidos, se você não se lembrar exatamente onde a rua Colorado conecta-se com a rua Century antes da rotunda de saída para a rua Cascade, se não tiver um bom GPS interno ou externo, você se perde.

Quando fiquei há alguns anos em um desses resorts em um anexo no apartamento de alguém, eu era capaz de me perder a 100 metros de casa. Todas as ruas e estradas curvadas eram alinhadas com grupos de casas em tons terrosos de bom gosto que se assemelhavam exatamente aos outros grupos de casas em tons terrosos de bom gosto, e não havia pontos de referência. E tudo isso continuava, repetidamente, esparramando-se sem calçadas – porque é claro que a existência de tal lugar é totalmente baseada em dirigir, em chegar até ele, a partir dele, e em torno dele, de carro. Eu não dirijo.

Bend é, creio, a maior cidade dos Estados Unidos sem sistema de transporte público. Eles estavam se preparando para tratar disso quando o ramo da construção civil colapsou.

Então, depois de me perder algumas vezes caminhando, porque não conseguia dizer qual casa de bom gosto em tons suaves em qual rua curvada era a minha, eu estava apreensiva com a ideia de sair novamente. Mas quem não saía para um passeio ficava preso no anexo. E isso era muito ruim. Quando se adentrava o lugar pela primeira vez, pensava-se: "Ah! Muito bonito!" – porque toda a parede interna era um espelho, que refletia o quarto e a grande janela, fazendo-o parecer grande e leve. De fato, o quarto era tão pequeno que era quase inteiramente preenchido pela cama.

A cama estava amontoada com almofadas ornamentais. Contei-as, mas esqueci quantas havia – digamos vinte ou 25 almofadas ornamentais e quatro ou cinco ursos de pelúcia enormes. Quando se tiravam os ursos e as almofadas da cama de modo a poder usá-la, não havia onde colocá-los a não ser no chão ao redor da cama, o que significava que não havia espaço no chão, apenas almofadas e ursos. Havia uma cozinha mínima no outro lado de uma divisória. Nenhuma escrivaninha ou cadeira, embora houvesse um banco abençoado debaixo da janela para se sentar, com uma grande vista para as árvores e o céu. Eu vivia no banco da janela, abrindo caminho através dos ursos e almofadas quando era hora de dormir.

Uma porta, que não podia ser trancada, levava a um corredor até o apartamento dos proprietários, que estava ocupado. Coloquei minha mala, oito ou dez das almofadas e o urso de pelúcia mais obeso contra a porta como uma barreira contra a intrusão distraída de meus anfitriões desconhecidos. Mas não tinha nenhuma fé real naquele urso.

Roger e eu continuamos a passar por aquele mesmo resort em caminho macarrônico para reencontrar nosso hotel, e eu estremecia a cada vez que o via, com receio de o adentrarmos de alguma forma e nos perdermos nele novamente.

Sinto-me vagamente culpada por preferir um mero hotel de estrada a um resort residencial de alto nível, cuidadosamente planejado. Mas a culpa é vaga, enquanto a preferência é clara e categórica. Gosto desse tipo de hotel. Exclusividade não é a minha. "Comunidades fechadas" não são comunidades em nenhum sentido da palavra que eu entenda. Sei que muitas das pessoas que são proprietárias, coproprietárias ou inquilinas nesses resorts de clima seco vão para lá não pela companhia exclusiva de outras pessoas brancas de classe média, mas pelo ar maravilhoso e a luz do deserto alto, as florestas, as pistas de esqui, a amplitude e o silêncio. Eu sei. Tudo bem. Só não me façam ficar em um. Especificamente, não um equipado com ursos de pelúcia gigantes.

Mas tudo isso é meramente uma preparação para chegar ao lince.

O lince vive no Museu High Desert. Em resumo, quando ele era filhote, alguém arrancou suas garras (a cirurgia de onicectomia em um gato é o mesmo que arrancar as unhas dos dedos das mãos e dos pés de um ser humano ou cortar a última articulação de cada dedo do pé e da mão). Depois arrancaram suas quatro grandes presas felinas. Depois fingiram que ele era seu gatinho fofinho. Depois cansaram-se dele, ou ficaram com medo dele, e o abandonaram. Ele foi encontrado passando fome.

Como todos os pássaros e animais no Museu High Desert, ele é uma criatura selvagem que não consegue sobreviver na natureza.

Sua jaula fica dentro do prédio principal. É um longo recinto com três paredes sólidas e uma parede de vidro. Tem árvores e alguns esconderijos, e é sem teto, aberta para o clima e para o céu.

Acho que nunca tinha visto um lince quando o encontrei pela primeira vez. Ele é um belo animal, mais volumoso e mais compacto que uma onça-parda. Seu pelo cor de mel muito espesso e denso tem uma dispersão fluida de manchas escuras nas pernas e nos flancos e fica branco puro na barriga, na garganta e na barba. Tem patas grandes, de aparência sempre muito suave, mas você não gostaria de estar na extremidade receptora de uma delas, mesmo que o armamento feroz dele em forma de gancho tenha sido arrancado. Sua cauda é curta, quase um toco – no que diz respeito à cauda, a onça-parda tem tudo o que falta ao lince e ao lince-vermelho. As orelhas do lince são um pouco estranhas e encantadoras, com uma ponta longa; sua orelha direita é um pouco esmagada ou dobrada. Sua cabeça é de tamanho avantajado e quadrada, com aquele sorriso felino calmo e enigmático e grandes olhos dourados.

A parede de vidro não parece ser unidirecional. Nunca perguntei a respeito. Se ele está ciente das pessoas do outro lado do vidro, não as deixa saber. Ele contempla o lado de fora, às vezes, mas não vi seus olhos se fixarem em nada nem seguir ninguém do outro lado do vidro. Seu olhar atravessa você. Você não está lá. *Ele* está lá.

Encontrei o lince e me apaixonei por ele durante a última noite de uma conferência literária há alguns anos. Os escritores da reunião haviam sido convidados para um banquete no museu a fim de se encontrar e confraternizar com pessoas que apoiaram a conferência com doações. Esse tipo de coisa é uma tentativa perfeitamente razoável de recompensar a generosidade; no entanto, sabendo como são os escritores, muitas vezes deve ser terrivelmente decepcionante para os doadores. É também uma provação para muitos dos escritores. Pessoas como eu, que trabalham sozinhas, tendem a ser introvertidas e, de fato, rudes. Se *piano* é o oposto de *forte*, o bate-papo gracioso com estranhos é definitivamente o meu *piano*.

Durante a hora dos queijos e vinhos antes do jantar, todos os doadores e escritores perambulavam pelo salão principal do museu, conversando. Como não sou boa em perambular e conversar, e tinha notado um corredor fora do salão principal sem pessoas nele, saí sorrateiramente para explorá-lo. Primeiro encontrei o lince-vermelho (que deve acordar de vez em quando, embora até agora eu só o tenha visto dormindo). Depois, afastando-me mais da tagarelice da minha espécie, indo mais longe na obscuridade e no silêncio, cheguei ao lince.

Ele estava sentado olhando para a penumbra e o silêncio com seus olhos dourados. O puro olhar do animal, Rilke o chamou. O olhar que é puro olhar: que vê através. Para mim, naquele momento de sentir-me inadequada e deslocada, a presença inesperada e esplêndida do animal, sua beleza, sua perfeita autocontenção, era refresco, consolação, paz.

Fiquei com o lince até ter de voltar para os Bandarlogs. No final da festa, escapei despercebidamente por um momento para vê-lo de novo. Ele dormia majestosamente em sua pequena casa na árvore, as grandes patas macias cruzadas na frente do peito. Eu tinha perdido meu coração de vez.

Vi-o novamente no ano passado, quando minha filha Elisabeth levou-me de carro pelo leste do Oregon por quatro dias (uma grande viagem, que espero registrar em palavras e imagens no meu site, se eu e Elisabeth pudermos nos convencer a organizar isso). Ela e eu vimos as exposições, as lontras, as corujas, o porco-espinho e tudo o mais no museu, e terminamos com uma longa contemplação do lince.

E, na semana passada, antes da leitura, enquanto Roger fazia todo o trabalho duro de levar os livros a serem assinados para o museu, pude passar mais meia hora com ele. Quando cheguei, ele estava caminhando, muito bonito e inquieto. Se tivesse uma cauda que valesse a pena chicotear, certamente a estaria chicoteando. Depois de alguns minutos, desapareceu por uma grande porta de metal para gatos em direção a uma espécie de sala dos fundos que não ficava à vista do público. É justo, eu pensei, ele quer alguma privacidade. Segui para a exposição de borboletas vivas, o que, claro, foi maravilhoso. O Museu High Desert do Oregon é um dos lugares mais perfeitamente satisfatórios que eu conheço.

Quando voltei pelo corredor, o lince estava sentado bem perto do vidro, comendo um pássaro meio grande. Um tetraz, foi meu palpite. Em todo caso, um pássaro selvagem, não uma galinha. Tinha uma pena de rabo pendurada no queixo por um tempo, o que poderia ter reduzido sua dignidade aos olhos dos espectadores, mas ele não reconhece espectadores.

Trabalhou em seu pássaro com diligência e cuidado. Ele *conversou* com seu pássaro, como costumavam dizer das pessoas que comiam costeletas de cordeiro. Estava bastante absorto no assunto. Na falta das quatro presas, ele estava praticamente na posição de um humano sem incisivos: tinha de mordiscar a ave pelos lados, com seus molares, o que fez de forma limpa. Isso o atrasou, estou certa, mas ele nunca ficou impaciente, mesmo quando tudo o que conseguiu foi uma bocada de penas. Ele apenas colocou uma grande e macia pata cor de mel em seu almoço e atacou novamente. Quando entrou seriamente dentro do pássaro, algumas crianças que apareceram guincharam: "Bleeergh! Ele está comendo as entranhas!". E algumas outras crianças que apareceram murmuraram com satisfação: "Ah, olha, ele está comendo as vísceras".

Tive que ir embora naquele momento e fazer a leitura e a sessão de autógrafos, então não pude vê-lo terminar o almoço.

Quando voltei, após cerca de uma hora, para um vislumbre de despedida, o lince estava confortavelmente enroscado dormindo em seu quarto na cama da árvore. Uma asa e um bico jaziam sobre a terra perto da parede de vidro. Em três tocos de árvore, os serventes do lince haviam colocado três ratos mortos – uma elegante apresentação de sobremesa, como dizem os restaurantes chiques. Imaginei que, mais tarde, quando o museu fechasse, quando todos os primatas tivessem finalmente ido embora, o grande gato poderia acordar, bocejar, alongar-se graciosamente embaixo de sua casa na árvore e comer suas sobremesas uma a uma, lentamente, em silêncio, tudo por si mesmo na escuridão.

Estou buscando uma conexão, uma conexão entre os resorts e o lince. Não as ruas macarrônicas que nos levaram de um ao outro, mas uma conexão mental que tem algo a ver com comunidade e solidão.

Os resorts não são nem cidade nem campo; são semicomunidades. A maioria de sua população é ocasional ou transitória. Os únicos trabalhadores diurnos são jardineiros, zeladores, pessoas que fazem manutenção. Eles não moram nas casas agradáveis. A maioria das pessoas que mora não está lá porque seu trabalho as leva para lá, mas para afastar-se do próprio trabalho. Elas não estão lá porque têm interesses em comum com outros lá, mas para afastar-se de outras pessoas. Ou para praticar esportes como o golfe e o esqui, que colocam o indivíduo em competição contra si mesmo. Ou porque anseiam pela solidão da natureza selvagem.

Mas nós não somos uma espécie solitária. Gostando ou não, nós somos os Bandarlogs. Somos sociais por natureza e prosperamos apenas em comunidade. É totalmente antinatural para um ser humano viver por muito tempo completamente só. Assim, quando nos cansamos de multidões e ansiamos por espaço e silêncio, construímos essas semicomunidades, pseudocomunidades, em lugares remotos. E então, de maneira triste, ao ir até elas, enxameando no deserto, muitas vezes não encontramos nenhuma verdadeira comunidade, mas apenas destruímos a solidão que procurávamos.

Quanto aos gatos, a maioria de suas espécies não é, de modo algum, social. A coisa mais próxima de uma sociedade felina é provavelmente uma tropa de leoas ativas provendo para os filhotes e para o macho indolente. Os gatos de fazenda que compartilham um celeiro arranjam uma espécie de ordem social *ad hoc*, embora os machos tendam a ser menos membros da sociedade do que um perigo para ela. Os linces machos adultos são solitários. Eles caminham sozinhos.

A estranha sorte do meu lince levou-o a viver em um ambiente artificial, uma comunidade humana totalmente estranha a ele. O isolamento de seu habitat natural, complexo e selvagem, é doloroso e antinatural. Mas seu distanciamento, sua solidão, são a verdade de sua própria natureza. Ele mantém essa natureza, a conduz entre nós inalterada. Ele nos traz o dom de sua indestrutível solidão.

Notas de uma semana em um rancho no deserto do Oregon

Agosto de 2013

A casa onde ficamos está situada em um pequeno rancho de gado, no vale de um riacho que desce energicamente de uma montanha, cortando um oásis sinuoso de salgueiros e grama entre linhas de cumeada muito íngremes cobertas por paredes de basalto que se assemelham a muralhas – paredes rochosas. Do outro lado do riacho fica a casa do rancho sob um enorme e antigo salgueiro-chorão. A linha de cumeada leste eleva-se imediatamente atrás dele; bem atrás da nossa casa, a linha oeste. Pastagens de gramíneas niveladas preenchem a estreita terra entre elas; nas encostas íngremes há *Artemisia tridentata*, arbustos *rabbitbrush*, terra nua e rocha. Ao longe no longo vale, a maior parte do gado do rancho ainda está em pastos de verão. É muito tranquilo ao redor da casa. A cidade mais próxima fica a 5 quilômetros ao norte. Sua população este ano é de cinco pessoas.

NO PRIMEIRO DIA

Cinco andorinhas assentam o fio próximo.

Uma cintilação ferozmente agitada ilumina no outro fio, depois segue seu próprio clamor crepitante.

A chuva paira no nublado, pesada no alto da cumeada.

Uma galinha pôs um ovo: explosões de contentamento orgulhoso. Dois galos cantam, competindo.

Os pavões fazem sua fanfarra galante, melancólica, miadora.

Cedo o sol surgirá por sobre a parede rochosa da linha da cumeada, uma hora depois de nascer.

Revoadas de melros passam no ar fresco e sombreado entre as paredes rochosas a leste e a oeste, dezenas em um voo, cada voo um som de muitas asas, uma pressa e arrepios aéreos e pulsantes. O bufar chiado de vento em pena, de vez em quando. De vez em quando um chilro.

Em silêncio, muito acima deles, andorinhas seguem a caça, as menos predadoras e as mais doces.

Um rastro de condensação em pluma branca sobre a cumeada oriental.

Quando meus olhos começam a desviar-se da luminosidade lenta e intolerável, eu os fecho e dentro das pálpebras vejo a longa curva da cumeada vermelha-escura, o vermelho mais escuro: acima dele, uma faixa de verde, o verde mais puro. Cada vez que observo e fecho os olhos novamente, a faixa verde alarga-se, queimando fogo de esmeralda claro e não mitigado. Em seu centro, aparece então um círculo azul pálido, sobrenatural.

Abro os olhos e vejo a fonte, o sol, um relance, e olho para baixo cega, humilde, para a terra, o pavimento de lava preta fosca do caminho.

O calor do sol está no meu rosto assim que se acende.

Após a tremenda tempestade da tarde, altas torres tiritantes de chuva que varreram os pastos, vento que contorceu o grande e antigo salgueiro como algas marinhas nas ondas, depois que tudo isso havia acabado e o silêncio do crepúsculo enchia o ar entre as cumeadas, os cavalos foram brincar. O pequeno ruão e os três baios mordiscaram e deram pontapés, correram e recuaram, peito a peito; até mesmo Daryll, o velho paint horse com lordose, entrou um pouco na brincadeira com os potros. Provocavam-se, galopavam pelos pastos, cascos tamborilando aquela música selvagem no chão. Acalmaram-se, afastando-se para o norte ao longo do riacho. O flanco branco do velho paint horse brilhava como pirilampos na escuridão do salgueiro.

Durante a noite, acordada, pensei neles de pé sobre a grama molhada, entre os salgueiros, durante a noite.

Fiquei de pé na porta na noite profunda. Véus de nuvem cruzaram o pavimento resplandecente do firmamento e passaram. Acima da cumeada oriental, um borrão brilhante, as Plêiades.

NA SEGUNDA NOITE

Na segunda noite todas as criaturas acordaram e o grilo insone ficou subitamente silencioso. O trovão falou de cumeada em cumeada, de cânion em cânion, longe, depois mais perto. A escuridão dividiu-se em ampla abertura para revelar o que esconde. Somente por um momento podem os olhos das criaturas ver o mundo naquela luz horrenda.

NO TERCEIRO DIA

À tarde, os corvos da cumeada ocidental voaram pelo ar com suas crianças entre as cumeadas, chamando em sua língua cheia de erres. Os mais jovens falavam muito, os anciãos respondiam brevemente. Então, de súbito, parecia haver cinco corvos? Seis? Não: eram abutres, materializando-se do céu, onze, doze, nove, sete... sobrevoando, desaparecendo, aparecendo, circulando, brincando com alturas e distâncias e uns com os outros em seu maravilhoso, calmo e imaculado silêncio.

Depois de um tempo, todos afastaram-se para o sul em direção à montanha, plácidos senhores das torres quentes do ar.

Caminhando pela estrada que parte de Diamond após o jantar, ouvimos no longínquo através dos campos o refrão estridente e inquietante, uma família de coiotes. O som vibrátil de um bacurau-norte-americano. Metal chacoalhado alto, onde um casco o tocou no salto sem esforço: a corça lançou-se ao crepúsculo como uma onda que se dobra e espraia. Depois, dos velhos e altos álamos acumulando escuridão, vozes falavam suavemente com total autoridade. Sob nuvem, o sol vermelho brilhava, afundava, havia-se ido. As corujas disseram nada mais. As velhas árvores liberaram sua escuridão, afinal.

NA MANHÃ DO QUARTO DIA

A luz do sol preenche o vale aberto a 1 quilômetro de distância, mas aqui, entre as cumeadas de parede de rocha, sento-me à sombra cheia de vento; meia hora ainda para esperar na soleira de lava enquanto a chuva do banho-de-trovão de ontem pinga do beiral sem calha em minha cabeça e livro, para que o brilho sobre a maior parte escura da cumeada reúna-se e centre-se no próprio sol.

O grande gado preto mastiga industrioso a grama presente da chuva bem do lado de fora da cerca de madeira ao redor da casa. Um pavão puxa seu pobre e desmazelado rabo durante a muda de agosto, orgulho reduzido à cabeça de safira e crista de rajá e o grito de selva, estridente, melancólico.

O galo garnizé esganiça: é-um-chamado-à-ação! É-um-chamado-à-ação! O galo grande exerce a superioridade injustificada de uma voz mais profunda. As galinhas não prestam atenção, dispersando-se, deslizando como veleiros sobre a grama. Agora começam a tagarelar para reunir-se de volta no galinheiro: Gretchen saiu para lançar grãos.

O rastro de condensação brilha no mesmo lugar a cada manhã, desviando continuamente em direção ao norte e ao leste, onde o sol ascenderá. Passa lento, iridescente, por trás da cumeada que escurece à medida que a luminosidade cresce.

Ascende. Ascende em beleza.

O milagre confiável, alguns minutos depois e um pouco mais ao sul a cada dia.

O milagre menor, a breve transubstanciação da lava preta em luz vermelha-violeta e verde-azul reluzente em meus olhos atentos e encantados, já ocorreu, acabou. A rocha preta bruta guarda seu segredo.

O beija-flor diário ataca a existência com improbabilidade. Ele é atraído pela minha caneca de chá laranja.

O grande e pesado gado preto mastiga, respira e contempla, cada um com seu séquito de pequenos pássaros pretos. Todas as coisas vivas trabalham duro para ganhar a vida.

Sento-me nos degraus ásperos e pretos e tento contar o segredo que elas guardam. Mas não consigo.

Elas o guardam.

Na muda
O pavão afasta-se
em ritmo cerimonial: passo e pausa:
passo e pausa:
um rei à coroação ou decapitação.
O único resquício de sua glória
arrancado até o talo,
rastros atrás no chão.

NA QUINTA TARDE

Centenas de melros reuniram-se nos pastos ao sul da casa, desaparecendo completamente na grama alta, depois emergindo dela em ondinhas e vagalhões, ou fluindo e correndo para cima de uma única árvore sob a cumeada até que seus galhos mais baixos estivessem mais pretos com pássaros do que verdes com folhas, depois escoando para baixo e longe dela na direção dos juncos e para fora pelo ar em uma única onda, cintilante e particular. O que é entidade?

TIPOGRAFIA:
Solitas Serif [título]
Happy Times [texto]

PAPEL:
Pólen Natural 70 g/m^2 [miolo]
Cartão Supremo 250 g/m^2 [capa]

IMPRESSÃO:
Gráfica Paym [fevereiro de 2024]

1ª EDIÇÃO:
Maio de 2023 [1 reimpressão]